plaine ouve… pied, l'infanterie, et sa valeureuse … leur puissance.

…près le récit de PLUTARQUE

L'un de ses conseillers était un Grec passé du côté des Perses et qui connaissait bien l'état d'esprit d'Alexandre. Il recommanda au roi de maintenir son campement dans ce lieu si favorable. Mais Darius voulait aller au-devant d'Alexandre, pensant que celui-ci cherchait à fuir le combat : en effet le jeune roi avait été retardé dans sa progression par sa maladie à Tarse, puis par l'organisation de jeux et de sacrifices, enfin par des combats pour écraser une révolte dans les montagnes de Cilicie ; ce retard semblait à Darius un recul devant l'avancée de l'armée perse. D'autant que l'entourage de Darius, pour le flatter, lui affirmait qu'Alexandre, effrayé de l'arrivée du Grand Roi, n'oserait pas s'aventurer plus loin et que la cavalerie perse suffirait à écraser l'armée des Macédoniens.

Son conseiller avait beau lui répéter : « Alexandre viendra chercher Darius là où il se trouvera : c'est ici qu'il faut l'attendre ! », Darius préféra écouter les flatteurs et leurs mauvais conseils et leva le camp. Il fit route pour la Cilicie, pendant qu'Alexandre allait en Syrie au-devant de lui. Mais ils se manquèrent dans la nuit et revinrent chacun sur leurs pas. Alexandre se dépêchait afin de rencontrer l'ennemi dans les défilés, ces chemins de montagne étroits et bordés de hautes pentes, avant que Darius ne retournât à son premier camp, dans la plaine.

Le Grand Roi, imprudemment, s'était positionné avec ses troupes dans un espace étroit où sa cavalerie ne pourrait pas manœuvrer, coincée entre la mer, les montagnes et un cours d'eau, le Pinaros.

Alexandre, informé par ses éclaireurs, ne pouvait croire à une telle folie. Il envoya le long de la côte un navire chargé de repérer l'armée de Darius. Ses hommes aperçurent le camp perse près de la ville d'Issos ; « Alexandre tient Darius ! » annoncèrent-ils à leur retour. Au moment où revenaient ces éclaireurs, on aperçut au loin une foule considérable et bientôt des feux de camp commencèrent à briller de tous côtés dans la campagne. C'était le campement de l'armée perse qui s'était installée en désordre, encombrée de ses bêtes de somme.

Alexandre s'adressa à ses troupes pour raviver leur courage et leur désir de combattre l'ennemi. Il rappela les exploits de chacun et leur promit la victoire. Une immense clameur retentit en retour. Les soldats se disputaient l'honneur d'embrasser leur chef et l'élevaient jusqu'au ciel.

D'après le récit de DIODORE

Le jour suivant, dès l'aurore, Alexandre fit avancer ses troupes en colonne dans les passages étroits qu'offrait la montagne. Dès que le terrain s'élargit, il les déploya, et arrivé dans la plaine, il rangea son armée pour la bataille. Sa cavalerie occupait les premiers rangs et, derrière, il plaça son infanterie pour la soutenir en cas de besoin. Le roi se plaça lui-même sur l'aile droite, accompagné des plus braves de ses cavaliers, avec lesquels il voulait s'avancer le premier contre l'ennemi. L'aile gauche était occupée par la cavalerie thessalienne, la meilleure de toutes par sa bravoure et son expérience.

En retrait le long du cours d'eau était disposée la phalange macédonienne ; c'était une unité organisée autrefois par Philippe, le père d'Alexandre, et qui comportait seize rangs serrés de seize fantassins, protégés par leur bouclier et armés de la sarisse, une lance de quatre mètres cinquante : la phalange était une machine solide qui avait souvent fait ses preuves. Mais l'armée macédonienne était bien moins nombreuse que les forces dont disposaient les Perses.

D'après le récit d'ARRIEN

Darius apprit par ses éclaireurs qu'Alexandre s'avançait avec son armée en ordre de bataille. Il fit alors traverser le Pinaros à trente mille cavaliers et vingt mille soldats armés de flèches et de lances, pour se donner le temps de ranger le reste de son armée. Lui-même, debout sur son char de combat que conduisait un serviteur habile, était revêtu d'une magnifique armure sous son manteau de pourpre et brandissait son arc. En face de la phalange macédonienne, il plaça trente mille mercenaires grecs, qui combattaient dans son camp pour de l'argent, et soixante mille fantassins, les Cardaques. Tous étaient lourdement armés. Vers les hauteurs, à sa gauche, il disposa vingt mille hommes selon ce que permettaient les accidents du terrain. Le reste de son armée – elle se composait de six cent mille combattants – s'entassait derrière les Grecs mercenaires, formant une troupe aussi nombreuse qu'inutile puisque le terrain ne lui permettait pas de manœuvrer.

D'après le récit de DIODORE

Les deux armées étaient face à face. Les premiers, les Perses décochèrent leurs flèches, mais leurs traits étaient si nombreux qu'ils se croisèrent, se rencontrèrent et se percutèrent dans les airs, perdant de leur efficacité.

La trompette sonna la charge ! Aussitôt les combattants des deux armées poussèrent des cris puissants qui retentirent dans toutes les montagnes voisines. Les deux armées de fantassins se heurtèrent de front sur les rives du Pinaros. Les soldats perses, qui étaient armés de lances, de frondes ou d'arcs et de flèches, cherchèrent à affaiblir la phalange macédonienne, sans y parvenir. Alexandre, monté sur Bucéphale, chercha Darius des yeux et se porta immédiatement contre lui à la tête de ses cavaliers. En même temps les deux cavaleries se jetèrent l'une contre l'autre. La mêlée fut terrible, les adversaires, serrés les uns contre les autres, rivalisèrent de valeur. Les morts furent innombrables.

Le Perse Oxathrès, frère de Darius, connu pour sa vaillance, surveillait les mouvements d'Alexandre, car il voyait bien que celui-ci cherchait à combattre Darius en personne. Il prit avec lui les plus braves de ses cavaliers et se jeta avec sa troupe sur la garde d'Alexandre. Puis il se plaça lui-même devant le char de Darius avec ses compagnons pour défendre le Grand Roi. Les adversaires, tous de grande valeur, luttèrent sans prendre garde à leur vie. Il y avait de nombreux morts. Les plus fameux des capitaines de Perse tombèrent dans ce combat, et, du côté macédonien, plusieurs officiers périrent également. Alexandre lui-même fut blessé à la cuisse.

Les chevaux du char de Darius, affolés par le tumulte et l'odeur du sang, n'obéissaient plus et entraînaient le roi au milieu de ses ennemis. Darius se voyant perdu prit lui-même les rênes de ses chevaux, ce qui était contraire à la coutume et à la dignité des rois de Perse. Ses officiers lui présentèrent un autre char, sur lequel il monta en hâte afin de poursuivre le combat.

Mais voyant les ennemis si près de lui, le Grand Roi montra des signes de frayeur. Erreur fatale ! Certains soldats s'en aperçurent et son effroi provoqua la panique dans son camp. La cavalerie ainsi que d'autres troupes prirent la fuite ; mais le poids de leur armement, la pente et l'étroitesse des chemins les firent refluer en désordre. Les hommes et les chevaux tombèrent les uns sur les autres et il y eut encore bien des victimes, au moins autant que s'ils s'étaient battus contre l'ennemi.

Ce fut la fuite de la cavalerie perse qui accéléra la victoire des Macédoniens. Voyant les cavaliers tourner le dos au combat, l'armée perse tout entière se désorganisa et de nombreux soldats furent tués dans leur retraite par ceux d'Alexandre.

D'après le récit d'ARRIEN

Darius s'était sauvé parmi les premiers sur un char qu'il garda tant qu'il fut dans la plaine. Dès qu'il entra dans les défilés étroits de la montagne, il abandonna son char ainsi que ses insignes royaux, bouclier, arc, manteau de pourpre, pour s'enfuir à cheval. Les vainqueurs recueillirent les armes et la pourpre du Grand Roi en fuite et revinrent au camp perse dont ils étaient maîtres désormais. Après avoir quelque temps poursuivi l'ennemi, Alexandre se rendit compte qu'il ne parviendrait pas à le rattraper. La blessure qu'il avait reçue à la cuisse, même si elle était légère, le fatiguait et il était épuisé du combat. Il désirait aussi profiter de sa victoire. Il revint donc à l'endroit où Darius s'était installé en vue de la bataille.

La victoire d'Alexandre fut éclatante et elle coûta plus de cent dix mille hommes aux Perses. Du côté macédonien, les blessés furent au nombre de cinq cent quatre. Trente-deux fantassins et cent cinquante cavaliers périrent.

D'après le récit de DIODORE

La coutume des Perses voulait que la femme et les concubines du roi, ainsi que les dames de la Cour le suivent à la guerre sur des chariots dorés. Chacune d'entre elles avait apporté de magnifiques toilettes et de superbes bijoux. Toutes ces richesses s'ajoutaient au mobilier et aux objets précieux du Grand Roi et faisaient de ce campement de campagne un lieu de délices pour les vainqueurs. Au contraire, ces femmes précipitées par le sort dans le malheur faisaient brutalement connaissance avec la misère et la servitude. Certains des Macédoniens furent pris de compassion pour elles.

D'après le récit de PLUTARQUE

Les soldats étaient déjà en train de s'emparer de tout ce qui les attirait, mais ils avaient d'abord préparé la tente de Darius pour Alexandre. Cette tente était d'un luxe incroyable et contenait des meubles et des objets de toute beauté. Alexandre entra et enleva sa cuirasse, aidé par les domestiques de Darius magnifiquement vêtus. « Allons laver la sueur du combat dans le bain de Darius », dit-il. Mais l'un de ses compagnons s'écria : « Dis plutôt dans le bain d'Alexandre, car les biens des vaincus doivent appartenir au vainqueur et en porter le nom. »

Alexandre contempla les bassins, les baignoires, les boîtes à parfum, le tout en or massif. Il respira l'odeur délicieuse des aromates et des essences qui embaumaient la tente. Il admira la taille et la parure somptueuse des lits, des tables et des sièges, ainsi que la magnificence du souper préparé pour Darius. Il se tourna alors vers ses compagnons et leur dit avec ironie : « Voilà donc, semble-t-il, ce que signifie être roi. »

Il allait se mettre à table, lorsqu'on vint lui parler de la famille de Darius. Il y avait parmi les prisonniers, lui dit-on, la mère de Darius, Sisygambis, sa femme, deux filles en âge d'être mariées et son fils, encore enfant. Les femmes avaient aperçu l'arc et le char de Darius et, depuis, se frappaient la poitrine et se lamentaient, persuadées qu'il était mort. Ému, Alexandre leur envoya l'un de ses compagnons favoris, Léonnatos, pour leur dire que Darius n'était pas mort ; que lui, Alexandre, ne faisait la guerre à Darius que pour conquérir l'empire et non par haine personnelle ; que rien ne leur manquerait à elles, des honneurs et des soins qu'elles recevaient sous le règne de Darius. Alexandre leur permit d'enterrer tous les Perses qu'elles voulaient en utilisant toutes les pièces de tissu et les ornements nécessaires, bien que cela fît partie du butin de guerre.

D'après le récit de DIODORE

Le lendemain matin, le jeune roi accompagné de son compagnon Héphaistion se rendit dans la tente des princesses captives. Les deux hommes étaient habillés de la même façon, mais Héphaistion avait un très beau visage, plus beau que celui d'Alexandre ; si bien que la reine, le prenant pour le roi, s'inclina devant lui. Son entourage aussitôt lui désigna Alexandre et Sisygambis, honteuse de son erreur, se tourna aussitôt vers lui et s'inclina. Le roi la releva et lui dit : « Ma mère, vous ne vous êtes pas trompée : celui-ci est aussi Alexandre. » En lui donnant le nom de mère le roi lui indiquait qu'il la traiterait ainsi que sa famille avec humanité et avec les égards dus à leur rang.

Par la suite, il ne manqua jamais à sa promesse, veillant à ce que l'honneur de ces femmes fût toujours respecté et faisant donner au jeune fils de Darius une éducation digne d'un roi.

D'après le récit d'ARRIEN et de PLUTARQUE

De son côté, Darius, fuyant dans la nuit avec un petit groupe, recueillit ce qu'il pouvait de son armée en déroute. Il rassembla environ quatre mille hommes et gagna la ville de Thapsaque pour mettre le fleuve Euphrate entre lui et le vainqueur.

Alexandre envoya prendre à Damas les richesses que Darius avait soigneusement mises à l'abri. Le butin fut considérable. La cavalerie thessalienne, qui s'était distinguée pendant le combat, fut particulièrement récompensée. Mais le reste de l'armée amassa aussi de grandes richesses. Les Macédoniens goûtaient pour la première fois à l'or, à l'argent, au luxe et aux plaisirs de l'Orient. Ce fut un aiguillon pour poursuivre la conquête de cet immense empire.

Le roi comptait bien poursuivre Darius pour en finir une fois pour toutes avec le Grand Roi. Mais il prit d'abord soin d'établir avant son départ un gouverneur à la tête de la Cilicie. Puis il se mit en route pour la Phénicie : il voulait se rendre maître des villes situées sur la côte afin de poursuivre sa progression sans laisser derrière lui de poches de résistance. Il fut partout accueilli en vainqueur. Straton, fils du roi des Aradiens, lui plaça sur la tête une couronne d'or et lui livra toutes les régions sur lesquelles régnait son père, dont la puissante et riche cité de Marathe, située sur la côte face à l'île d'Arados. Les autres rois du pays maritime lui livrèrent sans combat Chypre et la Phénicie. Mais la ville de Tyr lui opposa une farouche résistance, si bien qu'Alexandre y établit un siège avec toute son armée et de nombreuses machines de guerre, tandis que deux cents trières longeaient les côtes sans répit afin d'empêcher quiconque de fuir par la mer.

D'après le récit d'ARRIEN

De son côté, Darius était parvenu jusqu'à Babylone. Il avait réussi à recueillir tous ceux qui avaient échappé à la défaite. Loin de se laisser abattre, il adressa à Alexandre des ambassadeurs et plusieurs lettres où se mêlaient des insolences et des offres d'amitié. Le ton de ces missives était celui d'un roi en pleine possession de son pouvoir et qui s'adressait à son égal, en réclamant la liberté de sa famille. Darius appuyait ses demandes sur d'anciens accords passés entre le père d'Alexandre, Philippe, et son propre père Artaxerxès.

Alexandre s'était installé dans la ville de Marathe lorsqu'il reçut ces missives. Il y répondit en rappelant que c'étaient les ancêtres de Darius qui avaient pénétré dans la Macédoine et la Grèce pour les ravager. Lui était passé en Asie pour les venger. Il incitait Darius à venir lui faire ses demandes en personne s'il voulait qu'elles fussent satisfaites et terminait par un avertissement :
« Du reste, lorsque vous m'adresserez vos lettres, souvenez-vous que vous écrivez au souverain de l'Asie ; que vous n'êtes plus mon égal ; que l'empire est à moi. Autrement je considèrerai cela comme une injure. Si vous voulez, en tant que roi, un autre combat, ne fuyez pas. Je vous rattraperai partout où vous irez. »

Le jeune roi venait d'avoir vingt-trois ans.

L'ORACLE DANS LE DÉSERT

D'après le récit d'ARRIEN

Après sept mois de siège, c'était la victoire : la ville de Tyr était conquise, puis Gaza.

Après la prise de Gaza, le roi s'était vu à la tête d'un riche butin. Il en envoya une grande partie à sa mère, Olympias, et à ses amis. Il adressa aussi à son ancien précepteur Léonidas une quantité incroyable d'encens et de myrrhe. En effet, Léonidas lui avait reproché, quand il était enfant, de gaspiller ces précieux aromates parce qu'il les offrait aux dieux à pleines mains. Le roi lui écrivit :

— Je t'envoie de l'encens et de la myrrhe à profusion, afin que tu cesses d'être avare envers les dieux.

Bientôt toutes les villes de la côte, qui étaient sous la domination perse, se livrèrent à Alexandre. Celui-ci, confiant dans sa destinée et réconforté malgré sa blessure récente, gagna sans tarder l'Égypte toute proche.

Le jeune roi s'embarqua sur le Nil avec quelques troupes choisies et légèrement équipées de façon à pouvoir se déplacer rapidement. Le gros de son armée progresserait par les voies terrestres. Les Égyptiens lassés de l'occupation perse accueillirent le vainqueur avec joie. Le cortège d'Alexandre fit une arrivée triomphale à Memphis, l'une des principales villes du pays. Là, Mazacès, le gouverneur perse qui avait appris ses victoires, l'accueillit en vainqueur et lui remit l'argent et le trésor des Perses.

« Ô rejeton d'Ammon, tu seras le maître de toute la terre ! »

Alexandre était en train de bâtir son empire. Il fallait lui donner une base solide et créer de nouvelles villes qui seraient autant de lieux où se mêleraient les Grecs et les populations locales. Aussi décida-t-il de fonder sur la côte égyptienne, dans la région du delta du Nil, une cité grecque qui serait grande et prospère et porterait son nom.

Cette ville, où la placer ? Quel serait l'endroit le plus propice ? Alexandre se décida à consulter ses architectes mais, une nuit, il fit un songe : un vieil homme, la tête couverte d'une chevelure bouclée, lui apparut et lui dit :
« Dans la mer aux mille vagues s'étend une île
Sur la côte d'Égypte ; on l'appelle Pharos. »

Alexandre reconnut dans son sommeil deux vers de l'*Odyssée* d'Homère, ce poème qu'il plaçait avec l'*Iliade* au-dessus de tout autre ouvrage. Nul doute, c'était le poète lui-même qui lui donnait un conseil !

Au matin, il se leva et se rendit sans tarder dans l'île de Pharos qui se situait en face de l'une des bouches du Nil. Il constata que les conditions étaient idéales pour qu'une ville se développât à cet endroit. On y trouvait entre la mer et les lagunes, une bande de terre assez vaste pour contenir une grande ville, et du côté de la mer, une côte offrant l'aspect d'un port naturel. Ce serait l'emplacement de la nouvelle cité, Alexandrie.

— Que l'on fasse venir mes architectes ! Nous allons immédiatement commencer le tracé de la ville.

Les Grecs avaient coutume de dessiner le tracé d'une nouvelle ville en versant sur le sol de la chaux qui suivait le plan des rues et des futurs bâtiments. Or, ce jour-là, il fut impossible de trouver suffisamment de chaux pour ce faire. On utilisa alors de la farine et l'on se mit à tracer l'emplacement des futures murailles de la ville. La forme générale de ce plan ressemblait à celle d'un manteau utilisé par les Grecs, la chlamyde.

Tout à coup, des oiseaux de la lagune, ibis, flamants roses et autres oiseaux migrateurs surgirent en bandes et se mirent à picorer la farine qu'ils dévorèrent jusqu'à la dernière miette.

Qu'est-ce que cela signifiait ? Alexandre, inquiet, convoqua les devins pour savoir si la volonté des dieux était de détruire la ville. Ceux-ci le rassurèrent vite : ce signe envoyé par les dieux annonçait qu'Alexandrie serait une ville prospère et qu'elle nourrirait de nombreux peuples et accueillerait dans son port des bateaux aux voiles blanches, comme autant d'oiseaux blancs.

Le cœur d'Alexandre était plein d'espoir pour l'avenir de sa cité. Le jeune roi éprouvait aussi un grand désir de se faire dévoiler son avenir. Il décida donc d'aller consulter l'oracle de Zeus-Ammon, le plus puissant des dieux, vénéré dans le monde grec sous le nom de Zeus et en Égypte sous celui d'Ammon. Loin, à l'intérieur des terres, dans une oasis située en plein désert, existait un temple où le dieu manifestait sa volonté lorsque les prêtres lui transmettaient les questions des fidèles. Cet oracle, disait-on, ne se trompait jamais.

Le roi entreprit avec son escorte un trajet long et difficile. Dans la plaine de sable brûlant, les outres pleines d'eau que l'on avait chargées sur les chameaux furent rapidement épuisées. Chacun avait la bouche sèche et brûlante et Alexandre allait de l'un à l'autre pour encourager ses compagnons, leur promettre qu'un festin et des récompenses les attendaient au bout du chemin.

Mais, ô prodige, voici que des pluies bienfaisantes apaisèrent la soif des voyageurs. Quatre jours d'une marche sans fin s'écoulèrent, au milieu de vastes solitudes. Les repères du chemin se brouillaient peu à peu et les voyageurs erraient à l'aventure. Le danger était grand de s'égarer et l'on commençait à perdre espoir.

Soudain un vol de corbeaux surgit dans le désert et vola dans la direction qu'avait prise Alexandre ; ils volaient en avant pour indiquer le chemin et attendaient lorsque la troupe prenait du retard.

Bientôt le roi et ses compagnons aperçurent le temple, caché en partie par des palmiers et des oliviers dont l'ombre laissait à peine passer le soleil. On entendait le bruit des sources et une douce brise vint rafraîchir la petite troupe épuisée.

Une procession s'avançait à leur rencontre. Des prêtres richement vêtus portaient la pierre sacrée qui représentait le dieu sur un autel en or ; derrière eux marchaient les mères de famille et les jeunes filles. Elles chantaient un hymne afin d'implorer la bienveillance du dieu.

Alexandre, qui avait admiré la beauté du lieu, s'approcha et le plus âgé des prêtres en le saluant l'appela « fils » : c'était déclara-t-il, son père Zeus-Ammon qui lui donnait ce nom.
— Est-ce la volonté de mon père que je règne sur l'univers ? demanda Alexandre.
— Ô rejeton d'Ammon, tu seras le maître de toute la terre, répondit le prêtre.

Un sacrifice solennel suivit cette révélation et Alexandre, comblé par la réponse de l'oracle, offrit des présents au dieu et à ses prêtres : pierres précieuses, coupes en or le plus fin, petits vases emplis de parfums rares.

Fils du dieu ! Cette appellation, réservée jusque-là aux pharaons, réhaussait encore sa majesté aux yeux des peuples vaincus, et Alexandre aimait à s'entendre saluer par ce nom, bien que ses compagnons macédoniens fussent très réticents devant cette divinisation récente.

Alexandre ne voulut pas repartir vers la côte en laissant l'intérieur du pays sans organisation : l'Égypte était maintenant sous sa domination, aussi plaça-t-il à sa tête des hommes de confiance. Il prit garde de diviser le pouvoir entre plusieurs de ses compagnons, pour éviter la tentation à un homme seul d'abuser de ce pouvoir. Pour la défense du pays, il fit venir quatre mille hommes de troupe. Trente galères devaient assurer, sous la conduite de Polémon, la garde du delta du Nil.

L'esprit plus tranquille, le roi pouvait se consacrer désormais à la poursuite de Darius. Au printemps, il partit de Memphis pour Tyr où sa flotte l'attendait.

D'ARBÈLES À BABYLONE

D'après le récit de DIODORE

Ayant appris qu'Alexandre avait quitté l'Égypte et faisait route vers l'Euphrate, Darius entreprit de reconstituer ses forces armées. Il rassembla toutes ses troupes restantes et fit appel aux peuples des régions les plus lointaines de son royaume. Ceux-ci lui fournirent des hommes en grand nombre. Mais cette multitude, mal équipée et sans formation militaire, était plutôt destinée à impressionner l'ennemi. Darius fit aussi fabriquer de nouvelles lances plus longues et plus acérées ; enfin il fit construire deux cents chariots hérissés de lames tranchantes. Aux roues étaient fixées des faucilles qui, lorsque le char roulait, mutilaient affreusement ceux qui se trouvaient à sa portée. Darius pensait en effet que c'était la supériorité des armes du côté macédonien qui avait permis à l'armée d'Alexandre de le vaincre à Issos.

Le Grand Roi partit de Suse à la tête de huit cent mille soldats à pied et deux cent mille cavaliers. Il arriva dans la région où coule le Tigre et établit son campement près d'un village nommé Arbèles.

Entre-temps, il avait envoyé une nouvelle lettre à Alexandre : il lui offrait deux mille talents d'or et les provinces qui s'étendaient jusqu'au fleuve Halys, mais Alexandre refusa cette proposition. Darius envoya une autre lettre dans laquelle il remerciait Alexandre pour la façon dont le jeune roi avait traité sa famille. Il y faisait

« Babylone était une ville à la beauté célèbre. »

une nouvelle offre : toutes les provinces de l'Est jusqu'à l'Euphrate, trois mille talents d'or et sa fille cadette en mariage. Darius ajoutait qu'ainsi Alexandre deviendrait son gendre ; il serait comme son fils et aurait une part de l'empire de Perse lui-même.

Lorsqu'Alexandre reçut cette dernière lettre, il rassembla ses amis et les consulta sur ce qu'il devait faire. Mais personne n'osait donner son avis. Parménion seul prit la parole. Ce vieil officier avait servi sous le règne de Philippe et avait connu Alexandre tout enfant. Il avait avec lui des liens d'amitié et de confiance.

— Pour moi, dit Parménion, si j'étais Alexandre, j'accepterais les conditions proposées et je signerais la paix.
— Et moi aussi, répondit ironiquement Alexandre, si j'étais Parménion.

Il rejeta toutes les propositions de Darius et ajouta à l'adresse des ambassadeurs : « Comme l'organisation de l'univers serait dérangée par la présence de deux soleils, de même, la terre serait plongée dans la confusion et le désordre s'il y avait deux rois de puissance égale. »

C'était en réalité une déclaration de guerre et Alexandre aussitôt après avoir renvoyé les ambassadeurs se mit en marche à la tête de son armée.

D'après le récit de QUINTE-CURCE

Darius, installé près d'Arbèles, envoya l'un de ses lieutenants, Mazée, pour interdire le passage du Tigre aux troupes d'Alexandre. En même temps, Mazée devait avec ses soldats brûler toutes les récoltes, les arbres fruitiers et le bétail dans la région, afin que les Macédoniens ne puissent avoir aucun ravitaillement. L'armée de Darius avait des provisions en abondance et le Grand Roi espérait bien affaiblir l'ennemi par la famine.

Surpris que Darius ait pu réunir une armée aussi nombreuse après avoir perdu tant de milliers d'hommes, Alexandre fit route au plus vite vers l'Euphrate. Son armée progressait sur des terres dévastées par les incendies, la fumée aveuglait ses hommes. Après onze jours d'une marche harassante, Alexandre arriva enfin sur les rives de l'Euphrate. Il fit jeter des ponts sur le fleuve et ses hommes purent traverser sans que Mazée, qui devait l'empêcher de passer, se décidât à engager le combat.

Pendant le déplacement, l'un des serviteurs qui accompagnaient l'épouse de Darius vint dire à Alexandre que celle-ci était au plus mal. Accablée par son chagrin et les fatigues du trajet, elle mourut dans les bras de sa belle-mère. Alexandre en fut très affligé ; il mêla ses pleurs à ceux de la mère de Darius, des jeunes princesses et du petit prince. Le roi fit faire à l'épouse de Darius des funérailles dignes de son rang. Le Grand Roi apprit la nouvelle par un esclave en fuite. Plein de chagrin, mais admirant la générosité de son ennemi, Darius eut ces mots :
— Si les dieux veulent que la domination échappe aux Perses, je leur demande qu'elle ne tombe pas dans d'autres mains que celles d'Alexandre, le seul qui en soit digne.

Après un temps de repos, l'armée d'Alexandre parvint en quatre jours jusqu'au Tigre, qu'il fallait également franchir. Le courant de ce fleuve était violent, et charriait des pierres acérées. Son nom vient du mot perse *tigris* qui veut dire « flèche ». Mazée ne jugea pas utile de garder le fleuve, pensant qu'il était impossible à franchir pour une armée. Il alla avec sa troupe rejoindre les soldats perses qui ravageaient la région.

La traversée du Tigre offrait bien des dangers, mais Alexandre se fit indiquer un passage peu profond par les habitants. Les fantassins, portant leurs armes au-dessus de la tête, pénétrèrent dans le lit du fleuve avec la cavalerie des deux côtés pour les protéger. Alexandre lui-même, à pied, entraîna les soldats ; il montrait de la main le gué à ceux des soldats qui ne pouvaient pas entendre sa voix ; il encourageait ceux qui avaient du mal à avancer, soit qu'ils rencontrassent des pierres glissantes, soit que le fort courant les entraînât. Ceux qui avaient le plus de difficultés étaient les hommes chargés des bagages : leur fardeau les précipitait dans les tourbillons rapides et les amas de bagages à la dérive heurtaient ceux qui s'efforçaient d'avancer.

« Ne mettez pas vos vies en danger ! Sauvez vos armes mais abandonnez vos bagages, cria le roi, je vous rendrai bien plus que leur valeur. »

Il ordonna à tous les soldats de s'attacher les uns aux autres par la main ou par le bras pour mieux résister au courant.

Enfin l'on parvint à sortir du fleuve sans trop de dommages. Le roi donna deux jours de repos à ses soldats et se remit en route. Les Macédoniens dressèrent leur camp non loin de celui des Perses. À son réveil, le lendemain matin, Alexandre, grimpé sur une colline aperçut l'armée de Darius dans la plaine. C'était une masse d'hommes immense qui s'étendait à l'infini. Le soleil levant qui perçait la brume faisait étinceler des centaines de milliers d'armures et de lances. À cette vision, le jeune roi se demanda s'il n'était pas plus sage d'accepter les propositions de Darius. Il réunit ses conseillers.

— Les forces en présence sont très inégales, admit Parménion. Notre seule chance est d'attaquer de nuit. Nous ne vaincrons pas les Perses en combat régulier !

— Tu attends de moi que je me comporte comme un tricheur et que je vole la victoire ! protesta Alexandre. Préparez-vous, nous attaquerons demain matin.

D'après le récit de DIODORE

Alexandre passa la nuit suivante à comparer dans son esprit la quantité innombrable d'ennemis avec le petit nombre de ses soldats. Il hésitait sur les décisions à prendre, il redoutait l'issue de la bataille, si bien qu'il ne dormit pas de la nuit. Le sommeil vint à l'aube et ses compagnons le trouvèrent endormi à l'heure où il fallait se préparer au combat. Comme ils s'étonnaient que le roi dormît si tranquillement en un tel moment, celui-ci leur cacha ses véritables sentiments et leur dit : « Mon esprit était apaisé à l'idée que Darius ait rassemblé toutes ses troupes dans le même lieu. Et j'espère mettre fin en un seul jour à tous nos périls et à toutes nos peines. » L'air calme et heureux, il ordonna que l'on mette son armée en cercle, une organisation inhabituelle qu'il avait imaginée pendant la nuit, pour éviter le risque fatal d'être encerclé par les troupes de Darius.

Les deux armées, rangées en ordre de bataille, se rapprochèrent l'une de l'autre. Darius avait organisé la sienne selon les différentes nations dont elle était composée. Lui-même prit place en face d'Alexandre, afin de marcher directement sur lui. Le jeune roi avait ordonné à ses fantassins, pour éviter les coups mortels des chariots armés de faux, de faire le plus de bruit possible avec leur bouclier et leur épée, afin que les chevaux affolés se tournassent pour repartir vers l'armée perse. Si les chevaux avançaient malgré tout, les soldats devaient ouvrir leurs rangs et les laisser passer, ce qui supprimerait le danger.

Des deux côtés, les trompettes firent entendre une sonnerie éclatante et les hommes leur répondirent par des cris effrayants. Aussitôt, les chars armés de faux partirent à toute allure, mais les soldats macédoniens se mirent à faire un bruit épouvantable. Les chevaux effarouchés repartirent au galop vers l'armée perse. Pour ceux qui continuaient leur route, les Macédoniens ouvraient les rangs pour les laisser passer et frappaient les chevaux de leur lance ou de leur épée. Cependant, certains chars qui avaient échappé à ces manœuvres firent des dégâts épouvantables là où ils passaient.

Après cet engagement terrible, les deux armées échangèrent des traits, puis on en vint au combat corps à corps. Darius était entouré de ses proches et d'une compagnie d'Indiens de grande valeur qui mettait en difficulté leurs adversaires. Mazée commandait l'aile droite perse ; il se jeta avec l'élite de sa cavalerie sur la cavalerie d'Alexandre, qui eut du mal à résister. Le Perse profita de son avantage pour pénétrer avec une forte troupe dans le camp ennemi, jusqu'à la colline où était gardée la famille de Darius. Aidés des prisonniers perses, les soldats de Mazée s'emparèrent des armes et des provisions macédoniennes. Le bruit courait déjà que les captifs allaient pouvoir retourner dans le camp de Darius et l'excitation était générale. Seule Sisygambis, la mère du Grand Roi, restait immobile et sans réaction ; peut-être craignait-elle de se réjouir trop vite, ou voulait-elle marquer à Alexandre sa reconnaissance de l'avoir si bien traitée.

Les succès des Perses se multipliaient : les soldats revenus du camp macédonien rejoignaient leur troupe avec un butin considérable. Les troupes perses qui entouraient Darius avaient réussi à mettre en déroute une partie de l'armée ennemie. Alors Alexandre réagit avec vigueur. Monté sur Bucéphale, coiffé de son casque étincelant et armé de son épée à la fois solide et légère, il entraîna avec lui une troupe d'élite. Il lança l'attaque contre Darius lui-même qui, debout sur son char, se défendait avec courage et lançait des traits contre tous ceux qui l'approchaient. Alexandre lança un trait contre lui, mais ce fut le conducteur du char qui fut touché. Ceux qui combattaient tout autour de Darius poussèrent un grand cri : Perses et Macédoniens pensèrent que le Grand Roi avait été tué.

Les rangs de l'armée perse commencèrent alors à se désunir et les soldats à fuir. Darius, voyant son armée en déroute, voulut mourir avec ses soldats, mais ceux qui l'entouraient le forcèrent à fuir. La poussière qui s'élevait des pieds des hommes et des chevaux était telle que personne ne vit dans quelle direction Darius se dirigeait. On n'entendait qu'un bruit confus de cris d'hommes, de pieds de chevaux et de coups de fouet.

Cependant Mazée, sur l'aile droite, continuait à combattre la cavalerie commandée par Parménion. Celui-ci, mis en difficulté par le nombre très supérieur des cavaliers de Mazée, envoya demander du secours à Alexandre. Le roi s'était lancé avec une grande partie de ses troupes à la poursuite de l'armée ennemie. Il avait déjà gagné beaucoup de terrain lorsque le message de Parménion lui parvint. Aussitôt il fit faire demi-tour à ses troupes, mais on le vit frémir de rage de ce qu'une victoire totale lui échappait.

Sur le champ de bataille, les assauts de Mazée ralentirent quand il apprit la fuite de Darius. Parménion profita de cet avantage et ranima le courage de ses soldats. Tous s'élancèrent sur l'ennemi qui recula insensiblement. Mazée et ses cavaliers passèrent le Tigre et s'enfuirent jusqu'à Babylone. Parménion s'empara du camp ennemi où les éléphants, les chameaux, et tous les bagages tombèrent dans les mains des vainqueurs.

D'après le récit de QUINTE-CURCE

Cette fois encore, Darius échappait à Alexandre. Avec une faible escorte, il passa le fleuve Lycus mais refusa que l'on détruise le pont après lui : il voulait laisser à ses soldats en déroute la possibilité d'aller se mettre à l'abri, même si cela permettait aussi à l'ennemi de le poursuivre. Il s'enfuit vers les monts Zagros pour gagner la Médie. Il était accompagné de plusieurs proches et de quelques milliers de soldats.

Alexandre, quant à lui, avait gagné grâce à cette victoire l'empire de l'Asie, alors qu'il régnait depuis à peine quatre ans. Il lui fallait maintenant conquérir les grandes villes de l'Empire perse. Il se mit en route pour Babylone.

Babylone était une ville à la beauté célèbre. Elle avait été fondée, disait-on, par la reine Sémiramis qui avait créé les fameux jardins suspendus dans le palais d'Occident. Ces jardins reposaient sur des terrasses élevées et de nombreux arbres y poussaient, ce qui donnait de la fraîcheur et une ombre délicieuse sous un climat très chaud. Cette reine avait aussi fait détourner le cours de l'Euphrate et construire un énorme mur d'enceinte : ce rempart était si large que deux chars attelés de quatre chevaux pouvaient s'y croiser. À l'intérieur de l'enceinte se trouvaient des maisons mais aussi des terrains cultivés qui pouvaient fournir des provisions aux habitants en cas d'attaque du dehors. À l'aide de machines, des esclaves faisaient monter l'eau de terrasse en terrasse.

Comme Alexandre et son armée arrivaient en vue de la cité, Mazée, qui s'y était réfugié après la bataille d'Arbèles, vint à sa rencontre avec ses enfants. Il venait lui livrer la ville et le supplier de l'épargner, lui et sa famille. Le roi, qui avait apprécié sa valeur au combat, fut touché de son geste et se montra bienveillant envers lui.

Pour son entrée dans la ville, le roi avait disposé ses troupes en ordre de combat et s'était mis à leur tête. Il vit venir à lui les habitants, précédés de leurs magistrats et de leurs prêtres, et portant de riches présents. Le gardien de la citadelle, Bagophanès, avait fait garnir toute la route de fleurs et de couronnes en hommage à Alexandre. Sur les côtés étaient dressés des autels d'argent où fumaient de l'encens et des parfums rares. La foule se pressait sur les remparts et dans les rues pour voir le vainqueur de Darius. Le roi, entouré de ses gardes, entra dans la ville monté sur un char et se rendit au palais.

Alexandre offrit aux dieux des sacrifices magnifiques. Il fit don à ses amis d'or et d'objets précieux, mais aussi de maisons et en nomma beaucoup à la tête des provinces. Il récompensa ses soldats avec de riches présents. Mais craignant qu'ils ne se laissassent aller et perdissent de leur combativité au milieu de tant d'opulence, Alexandre leur ordonna de se remettre en marche au bout de trente-quatre jours. Il avait hâte de se lancer à la poursuite de Darius.

En gagnant la Médie, Darius avait espéré qu'Alexandre s'arrêterait à Babylone ou à Suse et lui donnerait ainsi le temps de réorganiser ses forces. Il s'installa quelque temps dans la ville d'Ecbatane puis reprit sa course vers l'intérieur de l'empire.

Lorsqu'il apprit que le jeune roi était déjà lancé à sa poursuite, il réunit ses compagnons :
— Je sais que je peux compter sur votre dévouement, leur dit-il. J'ai décidé de tenter une ultime fois de combattre Alexandre. Je suis résolu à me battre jusqu'à mon dernier souffle. Aux dieux de décider entre lui et moi !

Il y eut un long silence avant qu'Artabaze, le plus ancien officier, prît la parole :
— Armons-nous de nos épées les plus précieuses et mettons nos plus beaux habits pour suivre notre roi, dit-il. Au moins, nous sauverons l'honneur…

Cependant Narzabanès, le commandant de la garde, et Bessus, le gouverneur de la Bactriane n'étaient pas de cet avis.
— La chance a toujours été du côté de notre ennemi, dirent-ils. N'est-il pas temps pour nous de changer de maître puisque celui qui nous dirige n'a pas la faveur des dieux ?
— Traîtres ! s'écria Darius en tirant son épée.
Il aurait certainement tué Narzabanès si ses compagnons n'étaient pas intervenus.

Après tant d'épreuves, cette trahison était sans doute plus que Darius n'en pouvait supporter. Il se retira seul sous sa tente. Le lendemain, il appela l'un de ses serviteurs :

— Partez tous, lui dit-il, je suis témoin que vous m'avez été fidèles jusqu'au bout. Quant à moi, j'attends ici de savoir quel sera mon sort. Mais sache que je ne me tuerai pas. Je ne serai pas mon propre assassin.

Le serviteur protesta : ses cris et ses lamentations furent entendus dans tout le camp. Les soldats s'imaginèrent que leur roi s'était donné la mort. Il s'ensuivit un grand tumulte. Bessus et Narzabanès en profitèrent pour pénétrer dans la tente du roi. Ils le firent enchaîner, jeter sur un chariot et prirent la fuite avec lui.

Pendant ce temps, Alexandre et ses hommes se dirigeaient vers la Bactriane à une allure qui ressemblait à une course plutôt qu'à une marche, sans même profiter du repos de la nuit.

D'après le récit de PLUTARQUE

La poursuite était pénible. Les soldats se décourageaient et souffraient surtout du manque d'eau. On croisa en route des Macédoniens qui transportaient sur des mulets des outres pleines d'eau qu'ils avaient puisée à la rivière. Ils virent qu'Alexandre était tourmenté par la soif. Aussitôt ils remplirent d'eau un casque et le lui offrirent. Celui-ci le prit dans ses mains mais, jetant un regard autour de lui, il vit que tous les yeux étaient fixés avec envie sur ce qu'il allait boire. Alors il rendit le casque plein d'eau en remerciant ceux qui la lui avaient offerte :
— Si je bois seul, dit-il, tous ces gens perdront courage.
Ses cavaliers admirèrent sa grandeur d'âme. Il n'y aurait pour eux, dirent-ils, ni lassitude ni soif tant qu'ils auraient un tel roi à leur tête.

D'après le récit de QUINTE-CURCE

En chemin, le jeune roi apprit que Darius avait été fait prisonnier par Bessus, un de ses lieutenants et parent ; qu'il était couvert de chaînes et transporté dans un chariot comme un vulgaire paquet, ce qui était une terrible honte pour le Grand Roi.

— Il nous reste à accomplir un dernier travail, dit-il, mais il nous coûtera peu de peine : Darius n'est pas loin d'ici, abandonné de ses proches et peut-être en danger. Si nous le capturons, notre victoire sera totale et nous apportera une gloire éternelle !

Dans le camp des fugitifs, la nouvelle de l'arrivée d'Alexandre jeta la confusion et la panique. Bessus et son complice Nabarzanès rejoignirent le chariot où Darius était captif, le pressèrent de monter à cheval et de s'enfuir. Mais Darius refusa et préféra encore se livrer à Alexandre, comptant sur sa générosité. Fous de colère, Bessus et ses compagnons frappèrent alors Darius à coups redoublés ; ils frappèrent aussi les chevaux pour les empêcher d'aller plus loin et mirent à mort les deux esclaves qui accompagnaient Darius. Le chariot fut abandonné sur place tandis que les meurtriers s'enfuyaient dans deux directions différentes pour dissimuler leur piste. Les soldats, sans chefs, se dispersèrent dans la région.

Cependant les chevaux qui traînaient Darius, abandonnés à eux-mêmes, errèrent dans une vallée proche. Ils s'y arrêtèrent, épuisés par la chaleur et par leurs blessures. Non loin de là jaillissait une source. Un soldat macédonien, Polystrate, s'y trouvait, tourmenté par la soif. Tandis qu'il puisait de l'eau dans son casque, il aperçut les chevaux percés de traits et se débattant contre la mort. Étonné de voir qu'on les avait ainsi blessés au lieu de les emmener, il s'approcha et reconnût Darius. Le roi respirait encore. Le soldat alla chercher un prisonnier pour servir d'interprète et fit prévenir Alexandre.

D'après le récit de JUSTIN

Darius voulut employer ses dernières forces à laisser un message pour Alexandre. Il lui dit sa reconnaissance pour avoir si bien traité sa famille et souhaita que les dieux lui accordassent la victoire et le commandement de l'univers. Il ne demandait pour lui-même qu'une seule chose : une sépulture. Mais il conseilla à Alexandre de venger sa mort afin que le monde sût que le meurtre d'un roi ne restait pas impuni.

Sentant la fin arriver, Darius serra la main du soldat et le chargea de toucher en son nom la main d'Alexandre. Il mourut peu de temps après. Alexandre arriva près du corps de Darius et versa des larmes sur sa mort. Car elle était misérable et indigne d'un si grand roi. Il enveloppa avec respect le corps de son propre manteau de pourpre. Les funérailles du roi des Perses furent solennelles et pleines de dignité. Alexandre envoya à sa mère le corps revêtu d'ornements royaux et le fit ensevelir dans le tombeau de ses ancêtres.

À LA POURSUITE DE BESSUS

D'après le récit de DIODORE

Darius était mort. Suse et Persépolis venaient de tomber entre les mains d'Alexandre, le rendant maître de l'Empire perse. Après ces victoires, les soldats macédoniens, épuisés par les combats et les marches par tous les temps, rêvaient de retourner au pays avec les richesses qu'ils avaient accumulées.

Mais le roi avait d'autres visées : venger la mort de Darius. Punir Bessus, l'assassin du roi. Ensuite, il pourrait se lancer à la conquête de l'Inde. Pour atteindre ce nouveau dessein, Alexandre modifia profondément son armée. Renvoyant chez elles les troupes que lui avaient fournies les cités grecques au moment où s'était constituée la ligue de Corinthe, il ne garda que les soldats disposés à servir comme mercenaires. En même temps, il fit entrer dans l'armée trente mille jeunes Perses qu'il fit instruire comme des Macédoniens, les « Épigones », puis deux mille autres Orientaux de divers pays. Si bien que ses troupes étaient deux fois plus nombreuses. Il créa des unités de cavalerie plus légèrement armées, introduisit des soldats orientaux dans la célèbre phalange macédonienne. Quant aux vieux officiers, ceux qui avaient fait de lui le maître de l'Asie, il les renvoya dans les régions situées aux limites de son empire. Parménion, son vieil ami, devint gouverneur de Médie. Tous reçurent en récompense de fortes sommes ainsi que des vases d'or et d'argent, provenant du trésor du roi de Perse.

« Il enveloppe avec respect le corps de son propre manteau de pourpre. »

Fort de sa nouvelle armée, le roi se lança à la poursuite de Bessus. Sans doute s'imaginait-il alors, lui qui avait vaincu Darius, qu'il serait aisé d'écraser cet officier qui n'était qu'un traître. Cependant, cette nouvelle expédition allait se révéler la plus difficile, la plus risquée de toutes celles qu'il avait entreprises.

Après avoir longé la mer Caspienne, son armée arriva au pays des Mardes, une région étrange et glaciale où rien ne poussait. Aucune fumée n'indiquait de présence humaine. Les habitants de ces montagnes vivaient dans des huttes de terre. Avant que les troupes d'Alexandre ne s'aventurassent sur leur territoire, ces hommes rudes n'avaient jamais vu de guerriers, ni même d'étrangers. Dissimulés dans les abris des rochers, ils tendaient des embuscades mortelles aux Macédoniens.

Tandis que l'armée, après les combats, progressait en file, les jeunes écuyers qui conduisaient les chevaux du roi s'écartèrent un peu du chemin. Un groupe de Mardes les attaqua et leur enleva le plus beau des chevaux. C'était Bucéphale, le cheval favori du roi. Le roi Philippe l'avait acheté à un marchand et seul Alexandre avait pu le soumettre. Quand il n'était pas équipé, Bucéphale se laissait monter par l'écuyer du manège ; mais quand il était revêtu de la couverture et des ornements royaux, seul Alexandre pouvait s'en approcher. Le cheval fléchissait les jarrets afin que le roi puisse se mettre en selle facilement.

Quand il apprit la nouvelle, le roi entra dans une violente colère.
— Les misérables ! Ils ont osé voler Bucéphale ! Faites couper tous les arbres de la région ; si l'on ne me rend pas mon cheval, je ferai égorger tous les habitants, femmes et enfants compris, et détruire toutes les récoltes. Qu'un messager aille l'annoncer à travers le pays !

La menace produisit son effet. Un groupe de cinquante hommes vint bientôt ramener Bucéphale et offrir des présents considérables pour apaiser la colère du roi. Celui-ci fit bon accueil aux envoyés et paya même une rançon pour son cheval ; mais il garda en otage les plus importants d'entre eux.

Poursuivant sa progression, Alexandre fit une étonnante rencontre : il vit venir à lui un cortège à cheval de trois cents femmes magnifiquement équipées et armées. Toutes étaient d'une grande beauté, mais celle qui était à leur tête les surpassait toutes. C'était Thalestris, reine des Amazones, qui régnait sur un pays situé entre deux fleuves, le Phasis et le Thermodon. Le roi fut saisi d'admiration à sa vue. Lui-même était d'une belle apparence, et son énergie et son courage se lisaient dans son regard. La reine lui dit qu'elle voulait un enfant de lui : ses exploits en faisaient un héros supérieur aux autres hommes ; elle-même, par sa valeur guerrière, était assurément digne de lui. Leur enfant serait un être exceptionnel qui surpasserait tout le monde. Alexandre, séduit par sa proposition, demeura treize jours avec Thalestris. Puis ils se séparèrent et elle repartit chargée de somptueux présents.

D'après les récits de PLUTARQUE et DIODORE

Fatigués des longs déplacements et des combats, le roi et son armée s'installèrent en Parthie, un pays voisin. Là, le roi entreprit de mêler les coutumes et le mode de vie perse à celui des Macédoniens. Il choisit pour officiers de sa chambre des Asiatiques et pour gardes personnels des Perses de haute naissance, parmi lesquels le propre frère de Darius, Oxathrès. Il se fit faire un costume assez proche de celui des rois du pays, mit sur sa tête la couronne des Perses et se montra ainsi vêtu dans les cérémonies et dans la rue. Il poussa aussi ses amis à revêtir des robes pourpres. À la manière de Darius, il eut aussi des courtisanes, toutes d'une grande beauté, et aussi nombreuses que les jours de l'année.

D'après le récit d'ARRIEN

Enfin Alexandre voulut se faire adorer comme un dieu, et imagina une mise en scène avec la complicité de certains courtisans. Le roi présenta lors d'un banquet avec ses proches une coupe d'or couronnée, en s'adressant d'abord aux courtisans sur qui il savait pouvoir compter. Le premier, après avoir vidé la coupe, se leva, se prosterna ensuite aux pieds du roi, et celui-ci l'embrassa. L'exemple fut suivi de proche en proche, mais certains compagnons refusèrent ce cérémonial : ainsi Callisthène, quand ce fut son tour, s'avança pour recevoir l'embrassement, mais sans se prosterner. Alexandre le repoussa et Callisthène se retira en disant : « Je n'y perds qu'un embrassement. »

Le roi était bien conscient de l'opposition de ses Macédoniens, qui, élevés dans la démocratie, n'acceptaient pas d'adorer un mortel. Mais cette relation qu'il établissait avec les peuples vaincus était conforme à leurs propres coutumes et il lui semblait essentiel de l'observer pour établir un empire solide et durable.

Et en effet il n'y avait pas que Callisthène qui refusait les transformations imposées par le roi. Certains de ses compagnons, comme Cratère, s'affligeaient de voir Alexandre séduit par le mode de vie de ceux qu'ils appelaient « barbares ». Si la plupart d'entre eux lui pardonnaient, d'autres accumulaient les rancœurs et l'hostilité au roi.

D'après le récit de PLUTARQUE

Au contraire, d'autres amis d'Alexandre, comme Héphaistion, approuvaient toutes les décisions royales. Fascinés par les cadeaux somptueux que faisait le roi à tous ses compagnons, ils se conformaient sans retenue aux coutumes orientales, revêtant la robe pourpre des « barbares ».

Pendant un temps, le roi sut tirer parti habilement des tensions entre Cratère et Héphaistion, qui ne s'aimaient pas. Cratère lui servait de porte-parole auprès des Macédoniens et des Grecs, tandis qu'Héphaistion le représentait auprès des Perses. Mais l'équilibre était fragile et ce mode de vie nouveau, ces trésors incroyables gagnés au combat, perturbaient les cœurs et les esprits.

Sans doute un tel luxe ne convenait-il pas à des soldats qui avaient toujours vécu à la dure ; ils se laissaient aller à toutes sortes d'excentricités, l'un faisant mettre des clous d'argent à ses chaussures, l'autre passant son temps dans les banquets. Certains montraient un orgueil démesuré, tel Philotas, le fils de Parménion.

D'après les récits de PLUTARQUE et DIODORE

Ce jeune homme avait une réputation de courage et d'endurance ; il était également fidèle en amitié et très généreux. Mais il prenait des airs de grandeur et de majesté qui avaient entraîné de la jalousie et des soupçons dans l'entourage du roi. Si bien que Parménion, son père, lui avait dit un jour : « Mon fils, je t'en prie, fais-toi plus petit. »

Philotas avait reçu en partage, après la défaite de Darius, une captive d'une grande beauté, Antigone. Il en était très amoureux et dans les banquets, sous l'emprise du vin, lui faisait des confidences dangereuses : il prétendait devant elle que le roi s'attribuait à tort toute la gloire des conquêtes, oubliant le rôle de son père Philippe et de ses généraux macédoniens. À l'en croire, Alexandre n'était qu'un petit jeune homme qui leur devait tout. Antigone rapporta ces vantardises au roi lui-même. Alexandre ne fit rien, mais demanda à Antigone de continuer à lui répéter ce que disait Philotas.

Philotas, sans se douter qu'il était surveillé, continuait à proférer des propos malveillants contre le roi. Il négligea même d'introduire auprès d'Alexandre deux jeunes gens qui voulaient révéler un complot. Si bien que le roi le fit arrêter. Philotas fut accusé de participation à ce complot et une assemblée de l'armée se réunit pour le juger. Philotas se défendit avec éloquence. Mais Alexandre le fit torturer jusqu'à ce qu'il avoue. Le corps déchiré, les membres brisés, il était mourant quand ses bourreaux l'exécutèrent.

Peut-être Philotas était-il innocent. Mais Alexandre ne supportait plus les critiques de ses anciens compagnons d'armes. Au moment de se lancer à la conquête de l'Inde, il souhaitait s'entourer de généraux nouveaux, qui ne discuteraient pas son autorité. Aussitôt après l'exécution de Philotas, il fit partir des messagers pour Ecbatane, où résidait Parménion comme gouverneur de la Médie. Parménion se promenait dans les jardins de son palais quand il vit arriver les envoyés d'Alexandre. Ignorant tout de la mort de son fils, il les accueillit avec joie et ouvrit la lettre d'Alexandre que l'un d'entre eux lui tendait. À cet instant, un autre lui transperça la gorge de son épée.

Ainsi périt Parménion. Il avait participé activement aux exploits de Philippe, le père d'Alexandre. Il avait eu trois fils dont deux étaient morts au combat et le troisième venait de mourir condamné à mort.

Ces exécutions semèrent la terreur dans l'entourage d'Alexandre. Lui-même redoubla de méfiance, redoutant d'autres complots. Il était temps de reprendre la poursuite de Bessus. La paix et l'inaction ne valaient rien au roi et à ses compagnons.

Alexandre apprit que Bessus avait posé sur sa tête la couronne de Darius, revêtu la pourpre, et s'était fait proclamer roi de l'Asie sous le nom d'Artaxerxès. Soutenu par les Perses réfugiés auprès de lui et par les Bactriens, il attendait un renfort des Scythes, ses alliés. L'un des complices de Bessus, Satibarzanes, avait fait massacrer un détachement macédonien et soulevé le peuple des Arriens. Son intention était d'unir ses forces à celles de Bessus et des Scythes contre Alexandre.

Les troupes d'Alexandre marchaient à grandes étapes sur Satibarzanes. Affolé par la progression rapide des Macédoniens, le complice de Bessus s'enfuit avec quelques chevaux ; la plupart de ses soldats l'abandonnèrent dans sa fuite. Pris au piège par les Macédoniens, Satibarzanes proposa à l'un des officiers un combat singulier ; ce fut l'officier qui sortit vainqueur de ce combat. Satibarzanes était mort, la vengeance s'accomplissait peu à peu.

Bessus, de son côté, se pensait à l'abri dans les lointaines contrées de Bactriane. Jamais, pensait-il, Alexandre n'irait le poursuivre jusqu'à ces régions reculées. Plutôt que de s'aventurer dans les étendues glacées du Caucase, le roi préférerait marcher droit sur l'Inde où l'attendait une profusion d'or.

Mais il se trompait. Avant de conquérir l'Inde, Alexandre était résolu à écraser les dernières poches de résistance des Perses réfugiés dans la Bactriane. Il arriva au pied du Caucase. C'était la montagne la plus élevée d'Asie, qui s'étendait sur une longueur immense et abritait des peuples éleveurs de troupeaux. Il se trouvait dans le Caucase un immense rocher qui abritait une caverne. Les habitants de l'endroit dirent à Alexandre que c'était l'endroit où Prométhée avait été autrefois enchaîné et ils lui montrèrent les chaînes qui l'avaient entravé.

Selon la légende, Prométhée était le fils du Titan Japet. Par compassion, il avait voulu aider les humains. Ceux-ci, ignorant l'usage du feu, menaient une vie misérable. Prométhée était monté jusqu'au ciel et avait pris une étincelle de feu au char du Soleil. Il l'avait donnée aux hommes, leur avait appris à utiliser le feu, à le conserver. La vie des humains s'en était trouvée transformée. Zeus l'avait appris et était entré dans une grande colère. Car Prométhée, en adoucissant la condition des hommes, les avait rendus moins dépendants des dieux.

Pour le punir, Zeus avait fait enchaîner le Titan dans une caverne sur le plus haut sommet du Caucase. Son supplice avait été double : un vautour était venu lui dévorer le foie qui repoussait à chaque fois. Cela avait duré des siècles puisque Prométhée était immortel. Quant à Zeus, il avait juré par le Styx, le terrible fleuve de l'Enfer, de ne jamais délivrer le Titan.

Mais Héraclès, le héros au grand cœur, était passé un jour en ces lieux. Il avait vu l'oiseau s'acharner contre sa victime, et avait ressenti une grande pitié. Levant son arc, il avait abattu l'oiseau puis avait prié son père Zeus de faire cesser la punition. Zeus, qui avait un faible pour son fils Héraclès, s'était arrangé pour qu'un petit morceau de rocher de la montagne fût monté sur un anneau que Prométhée avait dû passer à son doigt. Ainsi, le dieu était resté fidèle à son serment qui était que Prométhée serait éternellement lié au Caucase par un anneau de fer…

Voilà les récits qu'Alexandre écoutait au coin du feu, dans les hauteurs du Caucase, avant de reprendre sa marche.

D'après le récit de DIODORE

Quand Bessus apprit qu'Alexandre se dirigeait finalement vers la Bactriane, affrontant la neige des sommets et le manque de provisions, il prit peur et s'enfuit toujours plus loin avec quelques hommes qui lui restaient fidèles. Il traversa le fleuve Oxus et brûla ses bateaux pour retarder l'avancée d'Alexandre. Il réunit de nouvelles troupes et, afin de renforcer les liens avec ceux qui le soutenaient, organisa un grand festin, après un sacrifice aux dieux. L'on y but beaucoup et, la chaleur du vin aidant, une violente dispute éclata entre Bessus et l'un de ses amis. Bessus était sur le point de le tuer, mais d'autres convives s'interposèrent entre eux et la paix revint. Pourtant l'homme que Bessus avait failli tuer jugea prudent de s'enfuir la nuit suivante. Il se réfugia auprès d'Alexandre.

Le roi l'accueillit avec bienveillance, le traita comme un hôte et lui offrit quelques objets précieux. Dès que la nouvelle fut connue dans l'entourage de Bessus, les principaux officiers décidèrent de tenter leur chance et de se rallier eux aussi à Alexandre. Ils s'emparèrent de Bessus, le ligotèrent et l'amenèrent de force au camp des Macédoniens. Le roi les couvrit de cadeaux et livra Bessus au frère de Darius et aux autres parents du Grand Roi qui lui firent subir un terrible supplice.

Quant à la reine, la mère de Darius, elle remercia Alexandre d'avoir poursuivi les assassins de son fils, lui marqua sa reconnaissance avec de somptueux présents et lui promit d'être toujours fidèle et loyale envers lui.

SUCCÈS ET CHAGRINS

Dans cette région si rude de l'Asie centrale, Alexandre rencontrait toujours de vives résistances. La mort de Bessus et la déroute de son armée, n'y avait rien changé. Les habitants voisins du fleuve Tanaïs s'unissaient pour attaquer les garnisons macédoniennes et organisaient la défense de leurs villes. Il y avait sept villes principales qui résistaient et, parmi elles, les plus importantes étaient Gaza et Cyropolis. Beaucoup d'habitants de la Sogdiane et certains de la Bactriane avaient rejoint leur camp ; ils étaient conduits par Spitaménès, celui-là même qui avait livré Bessus à Alexandre et qui, changeant de camp, se retournait maintenant contre le roi. Au contraire de Bessus qui combattait de façon traditionnelle, en batailles rangées, Spitaménès multipliait les escarmouches. Tirant parti des atouts du terrain, de ses grottes et de ses places fortes naturelles, il tendait des embuscades, surgissant là où l'armée macédonienne ne l'attendait pas.

Alexandre, avec son génie militaire, sentait qu'il fallait rétablir rapidement la situation. D'autant que Spitaménès commençait à rallier autour de lui les redoutables Scythes, une peuplade jugée invincible, qui vivait de l'autre côté du fleuve Tanaïs.

D'après le récit d'ARRIEN

— Nous devons briser la révolte au plus vite, dit Alexandre à ses officiers. Cratère va marcher contre la ville de Cyropolis tandis que je dirigerai l'attaque contre Gaza. Cratère, il faudra des échelles à tes

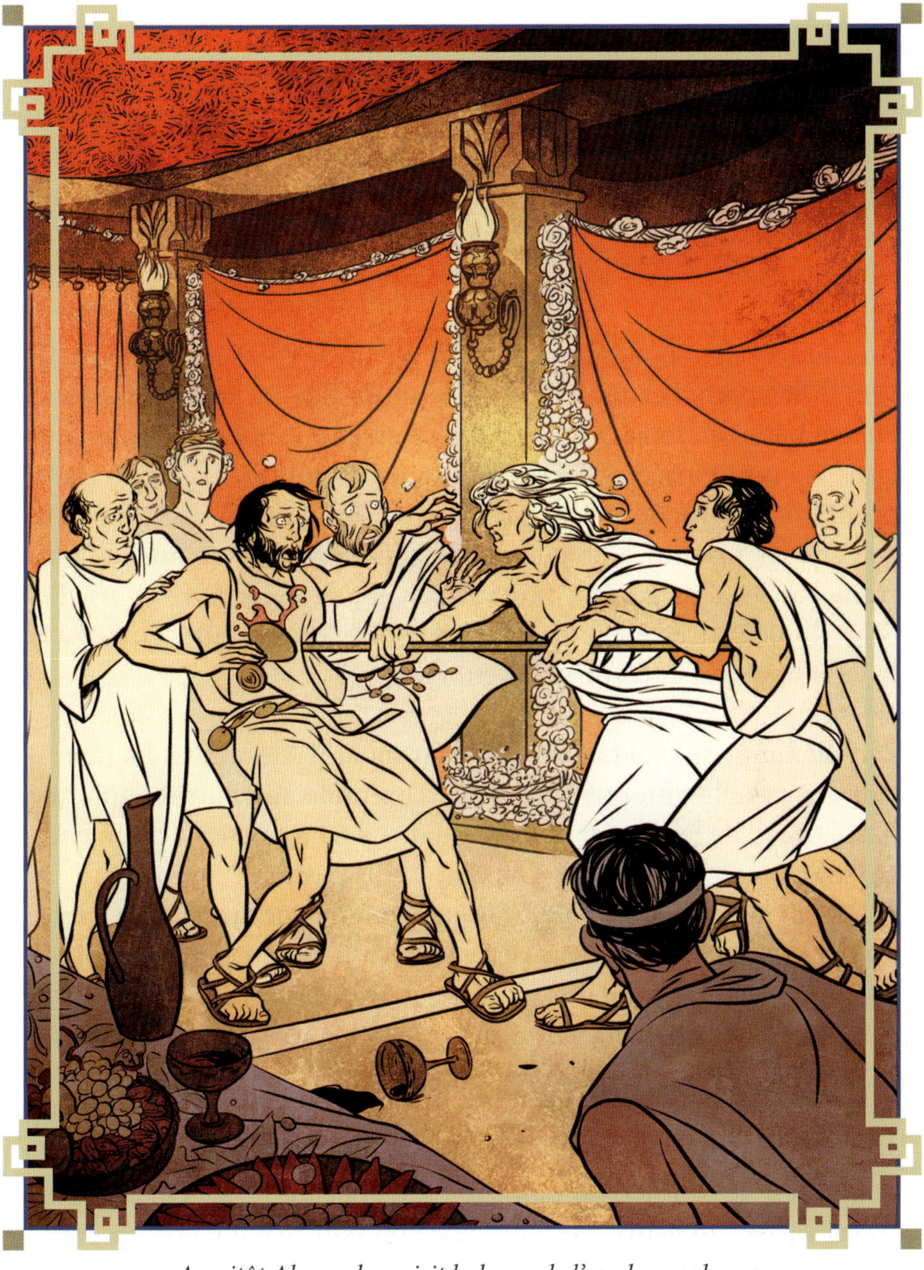

« Aussitôt Alexandre saisit la lance de l'un des gardes... »

fantassins. Vous camperez autour des murs de la ville et vous creuserez un fossé que vous borderez d'obstacles et de pièges, pour empêcher les habitants de sortir. Et tant qu'ils seront occupés à repousser les machines de guerre, ils ne penseront pas à aller au secours de leurs voisins !

Alexandre partit pour Gaza avec une partie de l'armée. Dès son arrivée, il fit approcher les échelles des murailles de la ville. Celles-ci étaient bâties en terre et d'une hauteur assez faible. Le roi sentait que la partie serait aisée. Ses archers et tous les soldats armés de traits, ou munis de frondes, s'étaient répartis soit au pied de la muraille soit sur les machines de guerre. Ils faisaient pleuvoir une grêle de traits sur les assiégés qui finirent par abandonner le rempart. Les Macédoniens dressèrent les échelles contre les murailles et les escaladèrent pour aller combattre l'ennemi.

La ville fut prise rapidement par les troupes d'Alexandre. La répression fut cruelle afin que cela serve d'exemple aux autres : hommes passés au fil de l'épée, femmes et enfants partagés avec le butin entre les soldats. Le même jour, une autre ville fut prise, avec autant de facilité et le lendemain, une troisième, tandis que la cavalerie macédonienne était envoyée vers deux autres villes peu éloignées : il fallait éviter que les habitants, ayant appris la défaite de leurs voisins, prennent la fuite ; cela entraînerait des poursuites interminables dans cette région accidentée et hostile.

Il avait fallu deux jours à l'armée d'Alexandre pour prendre et détruire cinq villes. Le roi rejoignit alors Cratère devant Cyropolis. La ville, traversée par un fleuve, avait été autrefois édifiée par Cyrus, le grand roi qui avait bâti l'Empire perse. Cyrus était le roi qu'Alexandre admirait le plus, avec la reine Sémiramis qui avait fondé Babylone : il voyait en eux de grandes âmes dont l'œuvre resterait immortelle.

Les murailles et les défenses de Cyropolis étaient plus puissantes que celles des cités voisines et un grand nombre de Sogdiens et de Bactriens de l'armée de Spitaménès, acharnés à combattre, s'y étaient réfugiés avec les habitants de la région. La ville semblait très difficile à prendre et, en effet, la première attaque échoua. Alexandre fit approcher les machines de guerre destinées à ouvrir les murailles, afin qu'elles fissent une brèche par laquelle il se disposait à entrer. Certaines, les catapultes, devaient envoyer sur les ennemis d'énormes blocs de pierre ; d'autres, les béliers portés par toute une file de soldats, permettraient d'enfoncer les lourdes portes de la ville.

Cependant le roi se rendit compte que le lit du fleuve qui traversait Cyropolis était à sec. Immédiatement il décida de se glisser avec un petit nombre de soldats par ce passage. Parvenu à l'intérieur, il fit ouvrir les portes de la ville par lesquelles son armée se précipita. Les occupants, voyant l'ennemi au milieu d'eux, se regroupèrent et engagèrent un combat acharné. Cratère et plusieurs autres chefs macédoniens furent atteints par des flèches. Alexandre lui-même fut frappé à la tête par une pierre, si violemment qu'il s'évanouit. Un moment, ses soldats le croyèrent mort. Mais il se ressaisit immédiatement et, comme invincible, il se jeta à nouveau dans la mêlée, plein de colère. Enfin ses soldats gagnèrent du terrain, mais une grande partie des défenseurs de la ville se réfugie dans la citadelle, la place-forte, où ils furent assiégés par les Macédoniens. Dès le lendemain, ils se rendirent car ils n'avaient pas d'eau potable.

Cyropolis prise, la septième ville se rendit immédiatement, et le roi put réaliser le projet de bâtir une nouvelle Alexandrie sur le fleuve

Tanaïs. Celle ville servirait à entreposer les armes et serait une base pour son armée, au cas où les populations de la région se soulèveraient à nouveau.

En vingt jours, les murailles de la ville furent achevées. Alexandre y installa des Grecs mercenaires, quelques Macédoniens qui n'étaient plus en état de combattre et ceux parmi les gens de la région qui voulaient y habiter. Pour célébrer l'événement, le roi fit un sacrifice solennel aux dieux et organisa des concours sportifs et des courses à cheval.

D'après le récit de QUINTE-CURCE

Le roi des Scythes dont le royaume s'étendait de l'autre côté du Tanaïs voyait bien que cette ville bâtie par les Macédoniens sur la rive du fleuve était pour lui une menace. Il envoya donc son frère avec un corps nombreux de cavalerie dans le dessein de la détruire.

Ainsi, pendant les fêtes, on vit des Scythes harceler les Grecs sur la rive opposée en leur lançant des traits et en tenant des discours provocateurs :

— Alexandre, tu n'oses pas te mesurer aux Scythes. Si tu l'osais, tu sentirais combien ils diffèrent des barbares de l'Asie.

Irrité de ces injures, Alexandre voulut traverser le fleuve pour combattre les Scythes. Il fit préparer son armée et ordonna des sacrifices pour savoir si les dieux approuvaient son projet. À plusieurs reprises, les présages furent défavorables. Le devin Aristandre mit le roi en garde contre les dangers d'une expédition entreprise sans la protection des dieux.

— Je préfère affronter n'importe quel danger plutôt que de me voir, moi le vainqueur de presque toute l'Asie, insulter par des Scythes ! clama Alexandre en colère.

— Ô mon roi, mon devoir est de te révéler la volonté des dieux, et non pas ce que tu aimerais entendre, lui répondit Aristandre.

Les troupes macédoniennes étaient en armes au bord de l'eau. Après quelques échanges de traits avec les Scythes, le roi impatient fit sonner les trompettes et se jeta le premier dans le fleuve, suivi de l'armée. Dès qu'ils touchèrent la rive opposée, les affrontements commencèrent. Les Scythes, en nombre supérieur, ne reculaient pas. Mais les troupes d'élite d'Alexandre et la cavalerie déployée, dont il avait pris la tête, finirent par les mettre en fuite. Les Macédoniens se lancèrent à leur poursuite, dans une région sèche et chaude où l'eau était rare. Tandis qu'elle traversait des territoires désolés, l'armée ne tarda pas à souffrir de la soif. L'eau malsaine du pays provoquait chez les soldats de graves malaises. Alexandre lui-même but l'eau d'un marécage et fut pris d'une terrible fièvre. On dut le ramener au camp très malade et il mit plusieurs jours à retrouver ses forces. Mais l'essentiel était la déroute des Scythes.

Cette expédition fit beaucoup pour ramener sous l'autorité d'Alexandre les populations révoltées : si les Scythes eux-mêmes, réputés invincibles, ne réussissaient pas à battre les armées macédoniennes, nul ne le pourrait ! De plus, la générosité dont faisait preuve Alexandre, dans son habileté politique, envers ceux qui se rendaient, joua un grand rôle dans le retour au calme.

La guerre contre les Scythes avait duré deux ans. Après avoir soumis ces populations turbulentes, le roi et ses troupes revinrent s'établir à Bactres pour passer la saison froide, puis Alexandre partit pour l'oasis de Maracanda.

C'est à Maracanda que des ambassadeurs scythes vinrent le trouver.

D'après le récit d'ARRIEN

Ils venaient l'assurer d'une entière soumission, lui apportaient les plus grands présents et lui offraient la fille de leur prince en mariage, comme un gage d'amitié et d'alliance. Si cette offre n'était pas acceptée, leur roi proposait en mariage aux officiers de l'armée et, aux proches d'Alexandre, les filles des plus hautes personnalités de la Scythie. Alexandre répondit aux ambassadeurs scythes avec bienveillance ; et avec toute la diplomatie dont il savait user, il écarta le projet de mariages entre les deux peuples.

Après cette dure campagne, le roi éprouva le besoin de se détendre. Il mit ses troupes au repos à Maracanda, après avoir comblé chacun de somptueux cadeaux. Quant à lui, il partit pour la chasse dans la région de Bazaira. Considérée comme un sport noble, la chasse au lion était une activité qui lui plaisait particulièrement, et dans ces moments, Alexandre s'exposait sans réserve au danger.

Un jour, comme il avait terrassé un lion énorme :
— Alexandre, tu as glorieusement disputé au lion le titre de roi, s'était exclamé, plein d'admiration, l'un de ses compagnons de chasse.

Cratère, son ami de longue date, voulut que cet épisode reste dans les mémoires ; il fit exécuter des statues de bronze représentant le lion, les chiens, Alexandre luttant contre le lion et lui-même secourant le roi. Ces bronzes furent déposés dans le sanctuaire d'Apollon, à Delphes.

Laissant ses troupes se reposer, Alexandre se rendit donc à dans la région de Bazaira, où se trouvaient d'immenses réserves de fauves. C'étaient de vastes forêts où de nombreuses sources d'eau vive entretenaient la fraîcheur. Tout autour, de hauts murs et des tours servaient de postes de guet et de refuge aux chasseurs.

L'une des réserves de Bazaira demeurait sauvage : personne n'y avait pénétré depuis près d'un siècle. Alexandre fut tenté de l'explorer et d'y chercher le gibier. Il y fit entrer ses soldats et ses compagnons et organisa une battue. Le galop des chevaux et les appels des chasseurs, les aboiements des chiens, le bruit des broussailles que l'on ouvrait à coups d'épée, tout cela excitait les lions dont on entendait les rugissements se rapprocher. Tout d'un coup, un lion d'une taille extraordinaire s'élança pour se jeter sur le roi ; Lysimaque était à ses côtés et aussitôt pointa son arme pour transpercer l'animal. Mais Alexandre furieux le repoussa et lui ordonna de s'éloigner :
— Je peux tuer un lion tout seul autant que toi, Lysimaque !

Et tout en parlant il tua le lion du premier coup d'épieu.

D'après le récit de PLUTARQUE

Cependant, comme on l'a vu, ces longues périodes de repos ne convenaient pas au roi et à ses compagnons. Aimant plus que tout l'aventure et la guerre, ils ne savaient que faire de leur richesse et buvaient pour tromper l'ennui. C'est ainsi qu'un drame éclata, qui devait aboutir à la mort de Kleitos, le compagnon de toujours d'Alexandre, qui était aussi son frère de lait, le fils de sa nourrice. Le drame fut précédé de signes annonciateurs, déchiffrés par les devins.

Un jour, Alexandre reçut de Grèce des fruits d'une remarquable fraîcheur. Il appela aussitôt Kleitos pour les partager avec lui. Son compagnon, qui était en train de faire un sacrifice aux dieux, laissa tout pour obéir au roi. Trois des moutons qui devaient être sacrifiés, le suivirent. En voyant ces animaux, Alexandre fut troublé et appela ses devins. Ceux-ci lui confirmèrent qu'il s'agissait là d'un mauvais présage et qu'il fallait un sacrifice expiatoire.

Le roi lui-même avait vu en rêve Kleitos, vêtu de noir, assis au milieu des fils de Parménion, qui tous étaient morts, dont l'un par la faute d'Alexandre.

Kleitos, après avoir fait le sacrifice ordonné par les devins, rejoignit Alexandre et ses invités pour dîner. Les convives avaient déjà vidé pas mal de coupes ; ils écoutaient avec amusement des vers tournant en ridicule des officiers macédoniens qui venaient d'être battus à la guerre. Kleitos fut indigné :

— C'est une honte d'outrager ainsi des Macédoniens qui, malgré le malheur d'avoir été vaincus, valent beaucoup mieux que ceux qui se moquent d'eux !

— Tu plaides pour toi et tu appelles « malheur » ce qui n'est que de la lâcheté, répliqua Alexandre.

— C'est pourtant cette lâcheté qui t'as un jour sauvé la vie, tout fils des dieux que tu es, riposta Kleitos. Sans le secours de ce bras, continua-t-il en tendant la main vers le roi, tu périssais à la bataille du Granique. Et c'est le sang des Macédoniens qui t'a fait assez grand pour que tu te fasses appeler « fils des dieux » en reniant ton vrai père, Philippe.

Alexandre pâlit sous ces reproches outrageants et accusa Kleitos de monter les Macédoniens contre lui.

— Tu t'en repentiras ! le menaça-t-il.

— Nous nous en repentons déjà, cria Kleitos. Au point que j'envie ceux qui sont morts ! Au moins ne sont-ils pas mis, comme nous, au-dessous des Perses !

Des convives excités par la boisson se levèrent en injuriant Kleitos, mais les plus âgés tâchèrent d'apaiser le tumulte. Hélas, Kleitos était lancé et réclama haut et fort la liberté de dire ce qu'il voulait.
— Sinon, ce n'est pas la peine d'inviter à ta table des hommes libres qui font preuve de franchise ! dit-il à Alexandre. Tu n'as qu'à vivre avec des barbares et des esclaves qui se prosterneront devant ta ceinture à la Perse et ta tunique blanche !

C'en était trop pour Alexandre, qui lui jeta des pommes à la figure et chercha son épée. L'un de ses gardes du corps, anticipant cette réaction, avait éloigné l'arme. Tout le monde entourait le roi aveuglé par la colère et le suppliait de reprendre son sang-froid ; mais Alexandre bondit, ordonna à grands cris de sonner l'alarme ; il frappa même le trompette qui hésitait à obéir, craignant que le trouble ne gagnât tout le camp.

Kleitos ne cédait pas ; ses amis le poussèrent hors de la salle du banquet, il y rentra aussitôt par une autre porte et se mit à narguer le roi en récitant ce vers du célèbre auteur Euripide :
— Ah dieux, funeste usage qui s'établit en Grèce !

Aussitôt Alexandre saisit la lance de l'un des gardes et la passa au travers du corps de Kleitos. Celui-ci s'effondra dans un grand cri, ce qui fit retomber aussitôt la colère du roi. Ce dernier, se rendant compte soudain de la gravité de son geste, se précipita pour arracher le trait du corps de son ami et essaya de se frapper à la gorge. Ses gardes arrêtèrent sa main et l'emportèrent dans sa chambre.

Toute la nuit, Alexandre pleura Kleitos.

D'après le récit d'ARRIEN

Retiré sous sa tente, il sanglotait et appelait son ami mort, ainsi que la sœur de celui-ci qui avait été sa nourrice :
— Ma seconde mère ! Comme ton fils a bien payé de retour les soins que tu lui as donnés ! Ton fils a tué ton frère de sa main ! Je suis le meurtrier de mes amis.

Au matin, il demeura sans voix et sans mouvement. Pendant trois jours, il refusa de se nourrir.

Ses amis tentèrent en vain d'apaiser sa douleur et lui envoyèrent le devin Aristandre, qu'il consultait fréquemment. Arrivant dans la chambre, le devin rappela à Alexandre la vision qu'il avait eue de Kleitos et les mauvais présages du sacrifice : c'était le destin qui avait fixé les bornes de la vie de Kleitos, et non Alexandre. Quelque peu apaisé, le roi accepta de recevoir sous sa tente deux philosophes de son entourage, Anaxarque et Callisthène, le neveu d'Aristote.

Anaxarque, qui cherchait toujours à flatter Alexandre, lui fit valoir qu'un grand conquérant comme lui ne devait pas rester abattu.
— Les sages ont dit que la Justice était toujours assise à côté de Zeus, lui dit-il. Et la volonté des rois ressemble à celle des dieux.

Anaxarque réussit ainsi à apaiser le roi, certes, mais en confortant son orgueil.

D'après le récit de PLUTARQUE

Callisthène était tout le contraire d'Anaxarque, qu'il méprisait. C'était un philosophe qui jouissait d'une grande réputation et qui était apprécié de tous : des jeunes pour son art de la parole, des plus âgés pour sa conduite sage et sans orgueil. Le roi l'invitait souvent à ses banquets, mais lui, la plupart du temps, refusait l'invitation ; quand il s'y rendait, il restait grave et silencieux : il n'approuvait pas de telles fêtes, où l'on se laissait aller à toutes sortes de plaisirs. Lorsqu'Alexandre avait voulu imposer aux peuples et à ses proches de se prosterner devant lui, à la manière orientale, Callisthène avait refusé et parlé hautement au nom des Macédoniens et des Grecs. Alexandre avait alors senti une telle hostilité à cette nouvelle règle qu'il ne l'imposa finalement qu'aux peuples conquis. Mais le roi en voulut à Callisthène de l'avoir contraint à supprimer la prosternation.

Après la mort de Kleitos, la franchise de Callisthène, qui fit au roi des reproches sans détours, augmenta encore l'aversion qu'Alexandre éprouvait pour lui.

Aussi plus tard, quand on découvrit un nouveau complot contre Alexandre, certains de son entourage, persuadèrent facilement le roi que Callisthène en faisait partie. Le philosophe fut arrêté et conduit en prison, en attendant d'être traduit devant un tribunal. Mais il mourut en prison quelques mois plus tard sans avoir été jugé, alors qu'Alexandre était déjà parti pour l'Inde.

LES SOLDATS AILÉS

D'après le récit d'ARRIEN

Les affrontements avec les Sogdiens ne finiraient donc jamais… malgré toutes les batailles et les poursuites, les victoires et les pardons d'Alexandre, le pays n'était pas pacifié. Il est vrai que ces peuples qui étaient autrefois sous l'autorité perse n'avaient jamais été véritablement soumis. Le roi, ainsi qu'il le faisait au long de ses conquêtes, avait pourtant établi une administration nouvelle et choisi un gouverneur de confiance. Voilà que les Sogdiens refusaient de lui obéir. Ils avaient regagné leurs anciennes places fortes et la révolte grondait.

Alexandre se prépara à marcher à nouveau contre eux. Malgré l'hiver qui s'installait, ses officiers réussirent à vaincre ou à mettre en fuite les groupes en révolte. Les villes furent reprises par les Grecs. La victoire fut encore plus éclatante lorsque Spitamène, qui harcelait les troupes d'Alexandre, fut tué par ses propres alliés qui avaient espéré éviter ainsi que le roi les poursuivît.

Mais une poche de résistance demeurait : un énorme rocher où s'étaient réfugiés de nombreux habitants du pays.

D'après le récit de QUINTE-CURCE

Le Sogdien Arimaze occupait le rocher avec trente mille soldats et assez de provisions pour nourrir soldats et réfugiés pendant deux

« Le maître de l'Asie et de l'Europe épousait une captive par amour… »

ans. Oxyartès, un noble sogdien qui avait rejoint auparavant les rangs macédoniens, avait à nouveau changé de camp. Il se trouvait dans ce groupe d'insurgés avec sa femme et ses filles.

Ce rocher était taillé à pic et si escarpé que le seul moyen d'y monter était un étroit sentier qui était bien gardé par les rebelles. À la moitié de la pente se trouvait une caverne. L'entrée était étroite et sombre, mais cette caverne allait en s'élargissant et tout au fond elle offrait de vastes abris. Elle était arrosée de sources qui se réunissaient pour former un torrent ; ces eaux vives dévalaient les flancs de la montagne. C'était l'endroit idéal pour résister aux Macédoniens.

Au printemps, Alexandre vint assiéger la roche des Sogdiens. Il reconnut vite les difficultés du lieu et fut tenté de passer en laissant derrière lui ce groupe de rebelles sans les combattre. Mais il n'était pas dans le tempérament d'Alexandre de se soumettre, même à la nature. Il fit envoyer des messagers pour demander aux insurgés de se rendre et leur dire qu'à cette condition ils pourraient rentrer chez eux sans dommages. Arimaze, le chef de la place forte, était persuadé que la position qu'il occupait était inaccessible. Il se mit à rire et dit :
— Pour arriver jusqu'à nous, il faudrait que tous tes beaux soldats aient des ailes !

On rapporta ces mots au roi. Celui-ci fut piqué au vif et il réfléchit longuement à ce qu'il pourrait tenter. Il appela auprès de lui les proches qui formaient son conseil et les informa de la réponse insolente d'Arimaze.

— Mais, ajouta-t-il, dès la nuit prochaine, je compte bien le convaincre que les Macédoniens savent voler, quand ils en ont besoin !

Ses amis le regardèrent, étonnés ; ils ne comprenaient pas ce que le roi avait en tête.
— Vous m'amènerez, reprit-il, trois cents jeunes gens choisis parmi les plus agiles. Il faut qu'ils aient été habitués à conduire chez eux des troupeaux parmi les rochers et les sentiers de haute montagne.

Des jeunes gens choisis pour leur agilité, mais aussi pour leur vivacité d'esprit, furent amenés au roi. Ils étaient très fiers d'avoir été désignés pour une mission spéciale et impatients de connaître le projet du roi. Celui-ci s'adressa à eux :
— Chers compagnons d'armes, je connais votre valeur. Nous avons tant de fois combattu côte à côte, tant de fois été victorieux alors que tout semblait perdu ! Voyez ce rocher, il semble impossible d'en atteindre le sommet, sauf par le chemin gardé par l'ennemi ; le reste est laissé sans surveillance. Vous trouverez un passage, à force de bien observer les abords de notre camp. La nature peut toujours être vaincue par des hommes courageux. »

Les soldats poussèrent des clameurs d'enthousiasme et se dirent prêts à partir dans l'instant. On aurait dit qu'ils étaient déjà au sommet de la roche.

Mais le roi calma leur ardeur et continua.

— Il vous faut gagner ce sommet. Quand vous serez arrivés, vous agiterez des drapeaux blancs que l'on va vous donner. Ce sera pour moi le signal que vous avez réussi. Alors j'avancerai avec mes troupes, ce qui détournera de vous l'attention de l'ennemi. Le premier d'entre vous qui arrivera au sommet recevra dix talents de récompense, le suivant, neuf talents et ainsi de suite jusqu'au dixième. Mais je sais que la gloire de cet exploit a plus de valeur pour vous que l'argent gagné.

À ces mots, les jeunes soldats acclamèrent Alexandre et manifestèrent une grande joie :
— Allez chercher de grosses cordes, leur cria un officier ; vous prendrez aussi de gros coins de fer pour enfoncer entre les pierres afin d'avoir des points d'appui.

Le lendemain avant l'aube, tous étaient prêts. Le roi, après avoir fait le tour du rocher, leur montra l'endroit qui lui semblait le moins escarpé. Les jeunes gens emportaient deux jours de provisions, et comme armes, leur seule épée et une pique.

La montée était rude. Si, au début, les soldats pouvaient grimper à pied, ils furent très vite obligés d'agripper les pointes saillantes des rochers de leurs mains, ou d'enfoncer les coins de fer entre les pierres et d'y attacher les cordes avec lesquelles ils se hissaient. Toute la journée, ils continuèrent de monter, dans le vent et le froid, car plus on s'élevait, plus le temps était rude. Le sommet du rocher semblait s'éloigner à mesure qu'ils grimpaient. Certains malheureux, sous l'épuisement ou par malchance, manquaient une prise et roulaient jusqu'en bas, sans que leurs compagnons puissent les secourir.

Enfin, la troupe arriva en haut de la montagne à la tombée de la nuit. Ceux qui avaient réussi cet exploit étaient accablés de fatigue et ne parvenaient plus à avancer. Ils s'endormirent sur place, au milieu des précipices et des rochers aux pointes aiguës, oubliant le danger que représentait l'ennemi. Ils dormirent jusqu'au jour et à leur réveil, ils essayèrent de repérer l'endroit où s'étaient réfugiés les rebelles. Tout à coup, l'un d'eux aperçut une fumée qui s'élevait au-dessus d'une caverne située au-dessous d'eux : à coup sûr, c'était là que les ennemis se cachaient. La joie envahit tous les cœurs ; ils avaient réussi ! Aussitôt ils attachèrent les drapeaux blancs en haut de leurs piques et les agitèrent avec ardeur.

Cependant, Alexandre était rongé d'inquiétude sur le sort de ces jeunes gens qu'il avait envoyés accomplir cette dangereuse mission. Cela le préoccupait même davantage que la victoire qu'il espérait. Tout le jour, il demeura les yeux fixés sur le rocher, essayant de distinguer leurs silhouettes, attendant un signal. Il prit quelques heures de repos et à l'aube reprit sa surveillance.

Bientôt, dans la demi-clarté du jour qui se levait, Alexandre crut apercevoir des formes blanches flottant sur le sommet de la montagne. Il n'osait encore en croire ses yeux. Mais la lumière vint éclairer l'horizon : plus de doute, les soldats avaient vaincu la montagne ! Le cœur plein de joie, le roi appela Cophès, le messager qui était allé demander aux insurgés de se rendre.

— Cophès, tu vas retourner voir Arimaze. Dis-lui de se rendre. S'il refuse, montre-lui que mes soldats ont des ailes. Qu'il regarde seulement au-dessus de lui : il verra le sommet occupé par les Macédoniens ! dit le roi.

Lorsque Cophès arriva auprès d'Arimaze et des insurgés, il leur demanda de se rendre, ajoutant qu'ils obtiendraient leur grâce de la part d'Alexandre s'ils se livraient de leur plein gré. Mais le Sogdien lui répondit avec arrogance et lui ordonna avec rudesse de repartir. Alors Cophès prit Arimaze par la main et lui demanda de sortir de la caverne qui lui servait de refuge. Arimaze finit par accepter, pensant qu'il pourrait tourner en ridicule l'envoyé et son roi.

Mais Cophès lui montra les jeunes Macédoniens qui s'étaient groupés sur la crête du rocher et qui agitaient leurs draps blancs.

— Tu vois, lui dit-il doucement, les soldats d'Alexandre ont bel et bien des ailes…
Et il commença à redescendre le chemin pour revenir auprès d'Alexandre.

Au même moment, le son des trompettes éclata dans le camp macédonien et les cris de toute l'armée se firent entendre. Arimaze pensa que les soldats au-dessus de lui étaient en grand nombre, et bien armés. Il prit peur et rappela Cophès à grands cris. Tous les insurgés acceptèrent de se rendre et envoyèrent trente de leurs chefs pour remettre le rocher à Alexandre à condition qu'ils aient tous la vie sauve.

Quand il entendit leur demande, le roi fut indécis : si les insurgés venaient à se rendre compte qu'il n'y avait qu'un très petit nombre de soldats au sommet, la victoire était perdue. Mais l'arrogance d'Arimaze l'avait rempli d'indignation et il décida de faire confiance à sa bonne fortune. Il fit répondre au chef sogdien qu'il devait se rendre sans rien demander en échange.

Arimaze, malgré la position qui lui était si favorable, des vivres en abondance et une troupe aguerrie, crut que les Macédoniens avaient l'avantage. Si Alexandre refusait sa proposition, c'était bien qu'il était sûr de vaincre ? Il se résigna donc et se rendit avec ses hommes aux Macédoniens. Le roi se montra impitoyable pour les meneurs ; ils furent mis à mort, et en premier Arimaze. Tous les autres furent faits prisonniers. Parmi eux se trouvait la famille d'Oxyartès.

Alexandre avait une intelligence politique exceptionnelle et savait reconnaître les hommes de valeur. Il pardonna donc à Oxyartès qui l'avait trahi et lui rendit le poste de gouverneur que celui-ci occupait auparavant. Toutefois, il exigea de lui que deux de ses fils viennent servir dans l'armée macédonienne, pensant qu'il pourrait ainsi mieux contrôler le père. Oxyartès, en gage de sa bonne foi, lui donna également son troisième fils pour qu'il servît lui aussi dans l'armée.

Pour fêter cette réconciliation et rendre hommage à Alexandre, Oxyartès donna un grand banquet en l'honneur du roi. La salle était magnifiquement décorée, les tentures de soie luisaient doucement à la lumière des lampes. La vaisselle était d'or et d'argent et le siège du roi était un trône en bois précieux incrusté de pierreries. Le repas fut très animé ; tous les convives étaient joyeux et savouraient l'instant présent. Les plats circulaient, pièces de gibier, volailles et oiseaux de toutes sortes, galettes dorées et fruits délicats. Les vins veloutés coulaient en abondance dans le gosier des convives.

Le gouverneur avait prévu des divertissements pour la fin du banquet. Dans la salle entrèrent une trentaine de jeunes filles de nobles familles, qui se mirent à danser avec grâce. Elles étaient habillées de voiles de couleur richement brodés et portaient des bijoux d'or. Toutes étaient d'une beauté merveilleuse. Parmi elles se trouvait Roxane, la fille d'Oxyartès. Elle les surpassait toutes par sa beauté et son maintien gracieux et plein de dignité. Elle vint s'incliner devant le roi à qui son père dit son nom.

Dès qu'il la vit, Alexandre fut conquis. Il avait rencontré bien des femmes d'une grande beauté, au cours de ses conquêtes. Il avait vu l'épouse de Darius et ses filles, réputées les plus belles femmes du monde, sans se laisser séduire. Mais il tomba follement amoureux de Roxane.

Elle appartenait à un peuple soumis par les Macédoniens et elle était d'une bien modeste origine, en comparaison du rang royal d'Alexandre. Pourtant celui-ci, au lieu de la traiter comme une captive, se montra plein de respect pour elle et la demanda en mariage à son père. Il avança des raisons politiques : si les Macédoniens et les Perses s'unissaient par des mariages, cela consoliderait leurs liens, les vaincus seraient sans honte et les vainqueurs sans orgueil. Quant à lui, Alexandre, il descendait du glorieux Achille : son ancêtre avait donné l'exemple en s'unissant à la captive Briséis, pendant la guerre de Troie. Il n'y avait donc aucun déshonneur pour lui dans ce mariage.

Le père de Roxane n'osait croire à un tel honneur. Il était plein de joie en entendant les paroles du roi. Quant à Roxane, elle était éblouie par la prestance et la beauté d'Alexandre, et très intimidée par son rang royal.

Alexandre, toujours impatient lorsqu'il avait un désir, voulut célébrer immédiatement son union avec Roxane selon la coutume macédonienne. Il fit apporter un pain entier et le coupa en deux avec son épée. Il en goûta un morceau et Roxane goûta l'autre. Ainsi leur union fut consacrée : le maître de l'Asie et de l'Europe épousait une captive par amour. Roxane eut un fils d'Alexandre ; il fut appelé Alexandre Aigos.

Les compagnons d'Alexandre n'approuvaient guère cette union, même si, depuis la mort de Kleitos, ils n'osaient pas montrer ouvertement leur désaccord. Le peuple, lui, applaudit à ce mariage. Il redoubla d'affection pour ce roi puissant qui avait traité avec tant de respect une jeune fille parmi les leurs.

On dit même que le souvenir de l'union entre Alexandre et Roxane était encore vivant mille cinq cents ans plus tard ; le célèbre voyageur Marco Polo écrivit qu'il avait traversé les ruines de la ville où, selon la légende, le couple s'était rencontré.

LES ÉLÉPHANTS DE POROS

D'après le récit de QUINTE-CURCE

Alexandre, poursuivant son projet de conquête, se mit enfin en marche vers l'Inde. Ce pays mal connu fascinait son armée. On racontait que les Indiens vivaient au milieu de richesses fabuleuses, que l'or et les pierres précieuses roulaient dans le lit des rivières. Dès qu'Alexandre eut passé la frontière, plusieurs petits rois de la région vinrent se soumettre à lui.

— Tu es, lui dirent-ils, le troisième fils de Zeus qui nous rende visite. Pour Dionysos et Héraclès, nous avons entendu parler de leur venue. Mais toi, nous te voyons de nos propres yeux, ô divin Alexandre.

Il les accueillit avec bienveillance et les garda auprès de lui pour qu'ils lui servissent de guide. Il ordonna aussi à ses hommes d'avancer rapidement jusqu'au fleuve Indus et de construire des bateaux pour faire passer l'armée sur l'autre rive.

Mais certains rois indiens ne voulaient pas se rendre sans lutter. Alexandre décida de faire un exemple en détruisant totalement une ville et en faisant tuer tous ses habitants. Cet acte cruel lui ouvrit la route jusqu'à la ville de Nysa. Selon la légende, celle-ci avait été fondée par le dieu Dionysos, qui était appelé Bacchus chez les Romains.

« Dispersés au milieu des soldats,
les gigantesques animaux ressemblaient de loin à des tours. »

D'après le récit d'ARRIEN

Alexandre, arrivé devant cette ville, vit venir à sa rencontre une ambassade de trente citoyens ; ils venaient lui demander de respecter, en l'honneur du dieu, la liberté de leur ville.

Parvenus devant la tente d'Alexandre, ils le trouvèrent couvert de ses armes et de poussière, le casque sur la tête et la lance à la main. À cette vue, ils se prosternèrent, épouvantés et silencieux. Alexandre les releva avec bienveillance, et les encouragea à parler.

— Au nom de Dionysos, lui dit le chef de la délégation, daigne, ô roi, laisser à la ville de Nysa sa liberté et ses lois. Après sa conquête de l'Inde, le grand Dionysos, au moment de retourner en Grèce, fonda cette ville en souvenir de son voyage triomphal. Il l'appela Nysa, en mémoire de sa nourrice. Depuis toujours, les habitants de Nysa sont libres et se gouvernent par leurs lois. Le dieu nous a laissé un témoignage de sa faveur : le lierre, qui est l'une de ses plantes favorites, pousse chez nous alors qu'il est inconnu dans tout le reste de l'Inde.
Le discours plut à Alexandre qui avait une dévotion particulière pour Dionysos, car sa mère, Olympias, faisait partie d'un groupe de fidèles dévoués au culte de ce dieu. Il accorda aux envoyés de Nysa ce qu'ils demandaient.

Le roi voulut visiter cette région, pleine de souvenirs de Dionysos. Il monta avec son armée sur le mont Méros, qui dominait la ville. On y trouvait des bois sombres, peuplés de fauves, et aussi une étonnante étendue d'herbes diverses, comme une sorte de jardin arrosé d'une source claire et tapissé de myrtilles. Les Macédoniens reconnurent avec joie le laurier et le lierre avec lesquels, en Grèce, on se couronnait lors des banquets et des fêtes, et qu'ils n'avaient pas vu depuis longtemps. Ils en firent des guirlandes et des couronnes. Émerveillés par ce jardin des dieux, ils se dispersèrent à travers les bois comme des bacchants, les fidèles de Dionysos. Les montagnes et les coteaux retentissaient des voix confuses de milliers d'hommes qui rendaient hommage au dieu de la forêt. Alexandre offrit un sacrifice, et fournit à ses soldats des vivres en abondance pour faire un festin. Il laissa pendant dix jours son armée célébrer Dionysos, tandis que les ennemis, effrayés par le bruit et les hurlements des hommes en délire, n'osaient pas les attaquer.

Après cette pause qui avait réconforté tous les soldats, l'armée repartit vers l'Indus. Alexandre, arrivé au bord du fleuve, trouva le pont dressé par ses officiers.

D'après les récits de QUINTE-CURCE et PLUTARQUE

Le roi de la région qui s'étendait entre l'Indus et le fleuve Hydaspe se nommait Taxile. Il adressa un message à Alexandre pour se soumettre à lui. Il fournit du blé aux troupes macédoniennes et vint au-devant du roi. C'était un homme sage qui parla ainsi :
— Qu'avons-nous besoin, Alexandre, de nous faire la guerre, si ce n'est pour l'eau et la nourriture, seule chose qui soit réellement nécessaire à la vie des hommes ? Pour ce qui est des richesses, si j'en ai plus que toi, je suis prêt à t'en donner ; si j'en ai moins, je ne refuse pas de t'être redevable.

En disant cela, il lui remit son pouvoir royal et lui confia le pays sur lequel il régnait.

Le conquérant, très satisfait, lui tendit la main :
— Crois-tu, Taxile, que notre rencontre se terminera sans combattre ? Non, je veux lutter contre toi, mais je veux lutter par mes bienfaits, car je ne veux pas que tu te montres plus généreux que moi.

Alexandre traita le roi indien en ami : il refusa de lui prendre son titre de roi et lui rendit son pays. Taxile le remercia en lui offrant des troupeaux : cinquante-six éléphants et du bétail d'une belle qualité dont trois mille taureaux d'une taille remarquable. Cette nouvelle amitié fut célébrée par quatre jours de fêtes et de banquets pendant lesquels Taxile voulut offrir à Alexandre et à ses proches des couronnes d'or et quatre-vingts talents. Mais Alexandre, touché de sa générosité, lui rendit ses présents et lui offrit à son tour mille talents tirés de son butin de guerre, de nombreuses pièces de vaisselle en or et en argent, des vêtements venant de Perse et trente chevaux de son écurie richement équipés.

Cette grande faveur qu'il témoignait à Taxile lui gagna les cœurs des habitants du pays. Elle rendit aussi jaloux beaucoup de courtisans. Le roi s'en aperçut mais, se rappelant la tragique fin de son ami Kleitos, il maîtrisa sa colère et leur dit :
— Les envieux ne savent qu'être leurs propres bourreaux.

Taxile était en guerre contre deux rois de la région, dont le plus puissant était Poros. Alexandre décida de marcher contre celui-ci pour le soumettre. Il lui envoya d'abord des messagers pour lui demander de se rendre. Poros répondit qu'il attendrait Alexandre à la frontière de son royaume, mais en armes et pour le combattre. On apprit en effet qu'il était de l'autre côté du fleuve Hydaspe, avec toute son armée. Le roi ordonna alors d'aller démonter les bateaux qui avaient permis de traverser l'Indus et de les transporter jusqu'à l'Hydaspe pour les mettre à flot.

L'armée macédonienne, à laquelle se joignirent cinq mille Indiens, installa son campement sur les bords du fleuve. Poros se tenait de l'autre côté avec toute son armée et ses éléphants. Il avait envoyé des troupes à d'autres endroits du fleuve pour empêcher tout passage.

Alexandre profita d'une nuit sans lune pour aller occuper avec une partie de ses fantassins et de sa cavalerie une petite île au milieu du fleuve. Il faisait un terrible orage et les eaux du fleuve roulaient avec violence. Les Macédoniens commencèrent une traversée sur des radeaux qui menaçaient sans cesse de chavirer, et finirent à pied, au milieu des remous, avec de l'eau jusqu'à la poitrine. À peine débarqués, ils se placèrent en ordre de combat, la cavalerie devant les fantassins, et mirent en déroute un millier de cavaliers ennemis qui lançaient une attaque.

Voyant cela, Poros s'avança alors avec toute son armée. En première ligne, il avait disposé quatre-vingt cinq éléphants d'une force extraordinaire. Dispersés au milieu des soldats, les gigantesques animaux ressemblaient de loin à des tours. Derrière venaient trois cents chars et trente mille fantassins ; il y avait également des hommes chargés de battre le tambour. Au moment de l'attaque, ces tambours remplaçaient les trompettes dont le bruit affolait les éléphants.

Poros lui-même, qui mesurait plus de deux mètres de haut, vêtu de son armure ornée d'or et d'argent, était monté sur un éléphant, le plus grand de tous. Par sa stature et sa corpulence, il était en harmonie parfaite avec sa monture, comme un cavalier sur son cheval.

Alexandre, découvrant le roi dont la taille dépassait presque les proportions humaines, et le flot de son armée, s'écria :
— Enfin, je rencontre un danger égal à mon courage : j'ai à la fois pour ennemis des animaux et des guerriers redoutables.

Il décida d'attaquer lui-même sur l'aile droite, tandis que l'un de ses officiers, Coenos, devait charger l'aile gauche. La phalange tenterait de repousser l'ennemi au centre. Les Macédoniens étaient très impressionnés par les éléphants.

— Que les soldats se servent de leurs longues piques, ordonna le roi, elles seront très utiles contre les éléphants et leurs conducteurs. Il faut jeter à bas les hommes qui les montent et semer la panique parmi les animaux. Avec un peu de chance, ils se retourneront contre les Indiens. La main qui les commande les pousse contre l'ennemi, mais la peur les poussera contre leurs maîtres.

Puis il lança le premier son cheval. Il avait déjà entamé les rangs ennemis quand Coenos commença à charger vigoureusement l'aile gauche. En même temps, la phalange, au centre, enfonçait le front de bataille des Indiens. Poros fit avancer les éléphants, mais les énormes animaux manœuvraient avec lenteur et se laissaient surprendre par la légèreté des chevaux ennemis.

Les archers indiens, quant à eux, étaient gênés par la pesanteur et la longueur de leur arc, ainsi que par la boue qui les faisait glisser sur le sol. La confusion s'installa : les ordres de Poros n'étaient pas compris et chaque officier indien commandait une manœuvre différente.

Voyant que l'affrontement risquait de tourner pour lui au désastre, Poros regroupa les soldats dispersés, donna l'ordre de placer en tête les éléphants et marcha droit à l'ennemi. Les grands animaux avancèrent en écrasant tout sur leur passage et, avec leurs barrissements, semèrent l'épouvante parmi les chevaux et les hommes. Déjà, il y avait quelques mouvements de recul et de fuite chez les Macédoniens.

Aussitôt, Alexandre envoya des troupes légères qui se déplaçaient très rapidement. Les soldats firent pleuvoir une grêle de traits sur les éléphants et ceux qui les conduisaient. Au même moment, la phalange macédonienne, voyant que la peur gagnait les pachydermes, se mit à les presser de toutes ses forces. Pris de panique, les éléphants, sous la souffrance, saisissaient avec leur trompe les armes et les soldats macédoniens et les envoyaient par-dessus leur tête.

Cette lutte se prolongea plusieurs heures. Pour en finir, les soldats d'Alexandre prirent des haches afin de frapper les éléphants aux jambes et des épées recourbées pour les frapper à la trompe. Bientôt, les gros animaux blessés et parfois mutilés, se retournèrent contre les rangs de l'armée indienne. Ils jetèrent à bas leurs conducteurs et les écrasèrent sous leurs pieds puis se mirent à errer sur le champ de bataille.

Poros était presque abandonné par ses hommes, mais ne désarmait pas. Il se mit à lancer des traits, tandis que son éléphant, plein de fureur, l'emportait au milieu des rangs ennemis. Le roi indien était atteint au dos et à la poitrine et son sang s'écoulait de ses nombreuses blessures. Affaibli, il laissait échapper les traits qu'il voulait lancer et ne supportait plus le poids de son armure. Il se mit alors à fuir, et avec lui quelques hommes de sa suite.

Cependant l'éléphant de Poros, le corps criblé de flèches, perdait ses forces : il s'arrêta et Poros fit vaillamment face aux ennemis qui le poursuivaient. Gravement blessé, le roi indien commença à glisser en bas de sa monture. Le conducteur de l'éléphant, croyant que le roi voulait descendre, fit fléchir les genoux l'animal, comme cela se faisait d'ordinaire. Voyant l'éléphant royal agenouillé, les éléphants qui portaient les compagnons de Poros en firent autant, si bien que tous furent livrés aux vainqueurs.

Pensant que Poros était mort, Alexandre ordonna de lui ôter sa cuirasse et ses vêtements. Mais l'éléphant, malgré ses blessures, se mit à défendre son maître et à frapper ceux qui l'approchaient. Enfin il enleva Poros avec sa trompe et le replaça sur son dos. Les Macédoniens firent pleuvoir des traits sur l'animal et quand le brave éléphant fut enfin mort, ils s'emparèrent de Poros et le chargèrent sur un chariot.

Alexandre le vit entrouvrir les yeux. Il éprouvait, non pas de la haine, mais de la compassion pour un homme dont la valeur était si grande et qui avait combattu jusqu'au bout de ses forces.
— Malheureux, lui dit-il, pourquoi as-tu voulu absolument me combattre, alors que tu avais l'exemple de Taxile ? Il te montrait combien je suis généreux avec ceux qui se soumettent.
— Je ne pensais pas, ô roi, qu'il existait quelqu'un de plus fort que moi, répondit Poros. Car je connaissais mes forces, mais je n'avais pas l'expérience des tiennes. Cette bataille m'a prouvé que tu étais plus vaillant que moi, mais je m'estime encore assez heureux d'être le premier après toi.

Alexandre lui demanda alors comment il voulait être traité.
— En roi, répondit Poros.
Alexandre insista et lui demanda s'il n'avait rien d'autre à dire.
— Tout est compris dans ce mot de *roi*, répliqua Poros.

Alexandre fit traiter Poros avec le même soin que s'il avait été un de ses alliés. Celui-ci était d'une nature robuste et contre toute attente, il se remit parfaitement de ses nombreuses blessures. Le roi se lia d'amitié avec lui, et lui rendit son royaume, en y ajoutant le territoire des peuples indépendants qu'il avait soumis : il s'y trouvait une quinzaine de peuples, cinq mille villes importantes et une foule de petits bourgs.

LA RÉVOLTE DE L'ARMÉE

D'après le récit de PLUTARQUE

Le triomphe sur Poros et sa terrible armée était un événement heureux, qui comportait aussi sa part de chagrin. Bucéphale, le cheval d'Alexandre avait été blessé au combat et mourut quelque temps après. Il était âgé de plus de trente ans et avait partagé toutes les campagnes du roi. Sa mort était due à ses blessures mais aussi à son épuisement, après tant de batailles. Alexandre montait d'autres chevaux quand il se déplaçait ou partait à la chasse, ou même quand il disposait ses troupes avant la bataille. Mais au moment de l'assaut, il s'élançait avec Bucéphale et le cavalier et son cheval ne faisaient qu'un.

Le roi pleura ce compagnon fidèle et fut aussi affligé que s'il avait perdu un ami. Il fit bâtir en son honneur, sur les bords de l'Hydaspe, une ville qu'il appela Bucéphalie et fit orner son tombeau d'une sculpture où le cheval semblait s'élancer vers le ciel.

D'après le récit de DIODORE

Les Macédoniens s'avancèrent jusqu'à l'Hyphase, fleuve large et profond dont le cours était très rapide et difficile à traverser.
— Après ce fleuve, comptez douze jours de marche à travers un désert, lui avait dit Phaegus, un prince indien ; on trouve alors un autre fleuve que l'on nomme le Gange. Il est très large et il n'y en a pas de plus profond dans toute l'Inde. Au-delà du Gange habitent les

« … une sculpture où le cheval semblait s’élancer vers le ciel. »

Prasiens et les Gangarides. Ce sont des peuples nombreux et puissants. Leur roi, Xandramès, possède vingt mille cavaliers, deux cent mille fantassins, deux mille chars et quatre mille éléphants équipés pour la guerre.

Poros confirma à Alexandre que tout cela était vrai. Le jeune roi voyait bien les difficultés d'une campagne contre ces peuples, mais il ne pouvait renoncer à ses rêves de conquête et à son désir d'aller jusqu'aux limites du monde connu. De ses soldats, beaucoup étaient morts, et il avait laissé de nombreux invalides dans les villes qu'il avait fondées ; les autres étaient épuisés par huit ans de campagnes et de marches. Le roi savait que leurs armes, ébréchées, mal entretenues, pouvaient à peine servir ; eux-mêmes ne portaient plus de costumes grecs, ceux-ci étaient en loques ; et ils devaient se vêtir d'habits indiens de coton qu'il leur fallait tailler à leurs mesures, ce qu'ils supportaient difficilement. Le temps lui-même était hostile, avec des pluies, des éclairs et du tonnerre qui durèrent soixante-dix jours.

D'après le récit de QUINTE-CURCE

Quand la pluie se calmait, Alexandre se promenait, solitaire, au bord de l'Hyphase. Les paroles de Phaegeus l'inquiétaient. Ce n'était pas les ennemis et les éléphants, mais le fleuve et la violence de la nature qu'il redoutait. Ces peuples qui vivaient presque au bout du monde, était-il sage de vouloir les poursuivre et les combattre ? Ses propres soldats, à qui il avait déjà tant demandé, souhaitaient vivement rentrer chez eux et profiter des richesses amassées au cours des campagnes. La gloire, la renommée, ils ne s'en souciaient plus !

Mais lui, Alexandre, que désirait-il par-dessus tout ? Rien ne lui semblait inaccessible. Il n'était soucieux que de surpasser les exploits des héros, Héraclès, Achille et de Dionysos, qui était allé conquérir l'Orient. Ce dont il rêvait, ce qui était son unique passion, c'était de parvenir à gouverner le monde, à faire que tous les peuples fusionnent et s'unissent sous un seul roi. Il portait en lui cette mission et ce n'était pas si près du but qu'il allait renoncer !

Alexandre savait combien ses soldats le vénéraient et combien ses discours ravivaient leur ardeur. Il avait décidé de poursuivre sa course jusqu'à l'extrémité du monde et voulait y entraîner des soldats enthousiastes. Il prit d'abord des mesures afin que l'armée fût bien disposée envers lui et acceptât de le suivre jusqu'au Gange. Il autorisa les soldats à piller la région proche du fleuve, qui était riche en biens de toutes sortes. Il institua une distribution de blé mensuelle ainsi que le versement d'une somme destinée à l'éducation des enfants de soldats et proportionnelle au rang de leur père dans l'armée. Les mères de famille étaient soulagées et pleines de gratitude. Oui, il y avait des femmes et des enfants : les captives que les soldats traînaient avec eux et les enfants qu'ils leur avaient faits ; tous ces gens étaient les premières victimes de la soif, de la faim ou des rigueurs du chemin ; on n'allait pas les passer sous silence.

Au retour des soldats chargés de provisions et d'objets précieux, Alexandre les convoqua en assemblée générale. Il avait longuement réfléchi à son discours. D'abord, il rassura ses hommes sur les bruits que faisaient courir les gens du pays à propos des fleuves et des animaux monstrueux qu'ils rencontreraient. Il leur rappela leurs victoires, leurs fabuleuses conquêtes. Il leur promit la gloire et un butin facile. Puis il en vint aux prières :
— Je vous prie et vous supplie de ne pas abandonner, quand il va toucher aux limites du monde, votre enfant, votre compagnon de

guerre : c'est ainsi que je me considère en vous parlant et non comme votre roi.
Mais personne ne disait mot, aucune acclamation ne retentissait, le silence était lourd.
— Où sont-ils, ces cris qui montrent votre joie ? Où sont-ils, les regards de mes Macédoniens ? Je ne vous reconnais pas, soldats !
Pas un mot, pas un regard. Tous baissaient la tête sans rien dire.
— Quelle faute ai-je commise envers vous ? » reprit Alexandre. Je suis délaissé, livré à l'ennemi. Mais je poursuivrai ma route tout seul. Je trouverai des gens pour me suivre, les Scythes, les Bactriens… Ils étaient nos ennemis, ils sont maintenant nos compagnons d'armes. Allons, partez, rentrez chez vous après avoir abandonné votre roi ! Moi, ici, je trouverai le chemin de la victoire, ou d'une mort honorable.

Les soldats n'osaient toujours pas répondre et espéraient que leurs chefs feraient comprendre au roi ce qu'ils ressentaient : ils ne refusaient pas de faire leur devoir, mais ils n'en étaient plus capables. Des plaintes finirent par s'élever, car les paroles du roi les avaient profondément meurtris. Bientôt la douleur devint générale et Alexandre lui-même sentit sa colère diminuer et faire place à la compassion pour ces hommes qui avaient tant souffert.

Seul Coenos osa s'approcher de la tribune où se trouvait Alexandre et fit signe qu'il voulait prendre la parole. C'était le porte-parole de l'état-major.

— Ô roi, dit-il, le cœur de tes soldats n'a pas changé ; ils sont prêts à aller où tu l'ordonneras, à combattre pour toi. Mais si tu veux nous écouter avec bienveillance, nous te dirons en toute sincérité que si ton projet est digne de ton âme, il est trop élevé pour la nôtre. Ta valeur grandit de jour en jour tandis que nos forces déclinent. Regarde nos corps labourés par tant de blessures, déformés par les cicatrices. Si tu veux avancer encore dans l'Inde, nous pouvons aller vers le sud, où nous trouverons aussi l'Océan et les bornes du monde. Mais ici est le terme de ta course vers l'est.

De partout des voix s'élevèrent mêlées à des pleurs, pour supplier Alexandre. Maintenant les officiers les plus âgés, les plus respectables, formulaient les mêmes prières. Le roi était habité par une formidable colère, mais ne pouvait faire acte d'autorité. Ne sachant que décider, il sauta du terre-plein où il avait prononcé son discours et gagna la tente royale. Il donna ordre de la fermer et refusa de voir quiconque pendant trois jours.

D'après le récit d'ARRIEN

Le roi attendait de voir si ses hommes changeraient d'avis. Il ordonna même des sacrifices pour savoir si les dieux approuvaient la traversée du fleuve, mais les signes se révélèrent tous négatifs. De leur côté, les soldats étaient désolés de la colère de leur roi. Mais ils n'étaient pas prêts à changer d'avis. Un lourd silence régnait dans le camp. Les hommes désœuvrés erraient çà et là. Enfin, des proches d'Alexandre, puis des soldats, vinrent à la porte de sa tente pour le supplier à nouveau. Alexandre, sans les repousser, les écouta attentivement. Puis il sortit de sa tente et annonça à l'armée qu'il avait décidé de rebrousser chemin.

Ce fut une joie immense dans le camp. Les soldats se mirent à crier d'allégresse. Certains pleuraient de joie. Tous venaient remercier le roi, parce que, lui qui était toujours vainqueur, il avait accepté de se laisser vaincre par son armée.

Avant de rebrousser chemin, Alexandre voulut laisser des monuments rappelant son passage. Il divisa son armée en douze escadrons et ordonna d'installer douze autels, hauts comme les plus hautes tours, pour honorer les dieux qui l'avaient conduit en vainqueur jusque-là. Quand les autels furent terminés, il fit de somptueux sacrifices à chacun des dieux. Des concours sportifs et des courses de chevaux furent organisés pour la joie de tous. Le roi, pour grandir encore sa légende, fit faire des armes, des mangeoires à chevaux et des mors d'une taille extraordinaire et les fit disperser sur l'emplacement du camp ; il fit aussi agrandir les défenses du camp : il voulait que tout paraisse plus grand que la réalité afin que les générations futures s'émerveillassent.

Enfin il plaça sous l'autorité de Poros tout le territoire jusqu'à l'Hyphase et reprit le chemin qu'il avait suivi.

D'après le récit de PLUTARQUE

Pour parvenir jusqu'à l'océan Indien, Alexandre descendit lentement le long des rivières. La progression de son armée s'accompagnait de combats et de conquêtes. Le roi soumettait tout sur son passage. Mais chez les Indiens Malles, qui passaient pour le plus farouche des peuples, il faillit perdre la vie.

À l'approche de l'armée, la plupart de ces Indiens s'étaient retranchés dans leur capitale. Le roi se disposait à donner l'assaut aux murailles lorsque Démophon, l'un des devins qui accompagnaient l'armée, lui conseilla de ne pas entreprendre ce siège, car les présages étaient défavorables : il voyait la vie d'Alexandre en danger. Celui-ci lui lança alors :
— Penses-tu qu'au moment où j'ai en vue une telle entreprise il y ait quelque chose de plus défavorable qu'un devin empêtré dans sa superstition ?

Il fit approcher les échelles sans hésitation et monta le premier vers le haut du mur avec deux écuyers. Mais l'échelle se cassa quand ils furent en haut, empêchant leurs compagnons de les rejoindre. Ils se trouvèrent donc seuls sur la muraille, sous les flèches et les lances des Indiens qui s'efforçaient de les atteindre. Alors Alexandre se replia sur lui-même et se laissa tomber au milieu d'eux, suivi par ses écuyers.

Les reflets de sa cuirasse étincelante et l'épée qu'il agitait firent croire aux Indiens qu'il s'agissait d'un éclair lumineux ou d'un fantôme, et ils prirent la fuite. Mais bien vite ils revinrent le charger à coups d'épée et de pique. Alexandre fut blessé à plusieurs reprises à travers son armure. On lui décocha de loin une flèche, avec une telle force qu'elle perça sa cuirasse et se ficha dans ses côtes. Le roi fléchit sous le coup et tomba en avant. Alors celui qui l'avait blessé courut vers lui, le sabre à la main. Ses deux écuyers firent barrage de leur corps et furent tous deux blessés.

Alexandre parvint à tuer son assaillant, mais il ne cessait de recevoir d'autres blessures, jusqu'à ce qu'un coup de massue l'atteignît au cou. Il s'adossa au mur, le visage tourné vers ses ennemis. Tandis qu'il perdait connaissance, les Macédoniens, qui étaient venus à bout de la muraille, purent enfin arriver jusqu'à lui et l'emportèrent inanimé sous sa tente. Tous le crurent mort.

D'après le récit de QUINTE-CURCE

La nouvelle de la mort du roi parvint jusqu'aux soldats qui étaient en plein combat. Bien loin de les décourager, elle décupla leur ardeur. Ils ne voyaient plus le danger, mais pour eux chaque ennemi était le meurtrier de leur roi. Ils abattirent une partie du mur et se répandirent à travers la ville, massacrant tout sur leur passage. Leur colère ne s'apaisa que lorsque la ville et sa population furent anéanties.

Pendant ce temps, les soins s'organisaient sous la tente royale. Alexandre était couvert de sang et son armure en morceaux. Les médecins avaient scié le bois de la flèche plantée dans l'une de ses côtes. Comme la tête de cette flèche comportait des crocs, ils ne pouvaient l'extraire sans élargir la plaie auparavant. L'un de ses médecins, Critobule, était un chirurgien hors pair, mais il n'osait approcher la main. Il craignait qu'en cas d'échec on ne lui fasse porter la responsabilité de la mort du roi. Celui-ci, qui le voyait pâle d'inquiétude et tremblant, lui dit :
— Allons, Critobule, qu'attends-tu ? Délivre-moi plutôt de cette douleur au plus vite, puisque de toute façon, je vais mourir. Pourquoi crains-tu d'être accusé, puisque j'ai reçu une blessure inguérissable ?

Alexandre refusa d'être maintenu pendant l'opération et supporta la douleur sans broncher. Quand la pointe fut enlevée, il eut une hémorragie et perdit connaissance. Aucun remède ne parvenait à arrêter le flux de sang et tout le monde pensait que, cette fois, il était perdu. Mais Alexandre était d'une nature si robuste que le sang finit par s'arrêter de lui-même. Peu à peu le roi revint à lui. Les soldats entouraient sa tente et ne se dispersèrent que quand ils furent sûrs qu'il était hors de danger et dormait.

Après sept jours de repos, apprenant que les Indiens le croyaient mort, Alexandre fit monter une tente au milieu de deux navires attachés ensemble. Il se montra alors à son armée et aux ennemis, qui perdirent ainsi l'espoir de retrouver leur liberté. Dès qu'il fut sur pied, Alexandre décida de descendre vers le sud et de gagner le bord de mer.

L'OCÉAN

D'après le récit de PLUTARQUE

Après huit années de conquêtes, Alexandre était sur le chemin du retour. La descente du fleuve Hyphase se poursuivait, tandis que l'armée progressait sur les deux rives à hauteur des navires. Alexandre rallia au passage plusieurs peuples de l'Inde. Leurs guerriers étaient courageux et valeureux, mais les exploits de l'armée macédonienne, dont le récit leur était parvenu, les remplissaient de terreur. De plus, la réputation d'Alexandre, qui se montrait généreux envers les peuples acceptant de se soumettre, poussaient leurs chefs à demander la paix.

Cependant la ville d'Harmatélia, au pays des Brahmanes, était d'accès difficile et ses habitants, courageux et pleins de confiance, refusèrent de se rendre. Les Macédoniens – ils n'étaient plus que cinq cents – donnèrent l'assaut aux remparts. Les trois mille soldats qui sortirent de la ville pour les attaquer étaient pleins de mépris.
— Est-ce là l'armée du grand Alexandre ? disaient-ils entre eux.

Comme pour leur donner raison, les Macédoniens prirent la fuite à leur vue. Mais c'était un stratagème destiné à faire sortir les Indiens de leur forteresse. Alexandre les prit à revers avec une poignée d'hommes et engagea un violent combat qui fit de nombreux morts parmi eux. Les habitants qui étaient restés à l'intérieur de la cité décidèrent de se rendre et furent traités avec bienveillance.

« Il offrit un sacrifice aux dieux de la mer… »

Parmi les compagnons du roi, il y eut peu de victimes, mais ceux qui furent blessés couraient un grave danger : les Indiens avaient enduit la pointe de leurs armes d'un poison mortel, tiré du venin de certains serpents. Le corps des blessés s'engourdissait puis des douleurs aiguës, des convulsions, des vomissements se faisaient ressentir. La mort était certaine, que l'on soit gravement ou légèrement blessé.

Alexandre éprouvait beaucoup de peine à voir les souffrances de ses compagnons. Il était particulièrement accablé par le sort de Ptolémée, l'un de ses officiers, pour qui il avait une grande affection.

Tourmenté par le chagrin, le roi dormit mal et eut une vision pendant son sommeil : un serpent tenait dans sa gueule une plante capable de combattre le poison qui faisait mourir son ami. Le serpent lui révéla ce qu'était cette plante et où on pouvait la trouver. À son réveil, il la fit chercher. On la broya et on recouvrit le corps de Ptolémée de cet emplâtre, on lui fit aussi boire une potion faite à partir de cette plante. Bientôt, Ptolémée fut hors de danger. Les autres blessés furent soignés de la même façon. Ce jour-là, l'amour d'Alexandre pour la médecine, que lui avait inculqué Aristote, sauva ses compagnons.

D'après le récit de QUINTE-CURCE

La progression vers l'Océan se poursuivait. L'armée était parvenue à Patalie, la ville située à la pointe du delta de l'Indus. Après la prise de la ville et de sa région, Alexandre était reparti en emmenant des gens du pays pour servir de guide. Mais les gardes chargés de les surveiller, dans leur impatience de voir la mer, manquèrent de vigilance et les guides s'enfuirent. Que faire ? Fallait-il renoncer ? Alexandre avait un tel désir de voir l'Océan et d'atteindre les limites du monde

qu'il décida de se risquer avec son armée sur ce fleuve inconnu, sans personne pour lui en indiquer les mystères et les dangers. Ils naviguaient donc, sans rien savoir des étendues qu'ils traversaient : ni la distance qu'il y avait jusqu'à la mer, ni les peuples qui vivaient dans la région, ni la profondeur de l'eau.
Enfin les pilotes s'écrièrent :
— Ô roi, l'Océan n'est pas loin. Nous reconnaissons le vent de la mer, plus vif, plus parfumé.

Alexandre, plein de joie, encourageait les rameurs à pousser la cadence.

Trois jours passèrent. Les soldats constatèrent que de l'eau salée se mêlait à celle du fleuve : le but n'était pas loin ! Ils abordèrent sur une île située au milieu du fleuve et les hommes se dispersèrent pour chercher des vivres. Ils se rendirent bientôt compte que l'Océan envahissait peu à peu le lit du fleuve. Les eaux du fleuve étaient repoussées en sens contraire par la mer et refluaient dans les terres avec la violence des torrents, formant des tourbillons, des vagues et des ressacs.

Les soldats ne connaissaient pas le phénomène de la marée, eux qui vivaient au bord de la Méditerranée, ni celui du reflux des eaux à l'embouchure d'un fleuve. Effrayés, ils crurent que les dieux manifestaient ainsi leur colère : qu'avaient-ils donc fait pour leur déplaire ? À plusieurs reprises, la mer s'enfla et descendit recouvrir les plaines. Les bateaux se soulevaient, se fracassaient entre eux.

Tremblants et stupéfaits les soldats accouraient de toutes parts vers les navires. L'affolement général, les ordres contradictoires, le brouhaha qui empêchait d'entendre les ordres donnés, entraînèrent la collision des navires et de graves dégâts. La plupart des soldats abandonnèrent les bateaux et allèrent à la nage se réfugier sur les hauteurs.

Tout à coup, nouvelle terreur : la mer se retirait. Ses eaux, dans un flux puissant, regagnaient leur domaine marin. Les terres submergées réapparaissaient, les navires laissés à sec tombaient sur la proue ou se couchaient sur le côté !

Les plaines étaient couvertes de bagages, d'armes, de morceaux de planches arrachées et de rames. Les flots avaient aussi déposé des bêtes venant des troupeaux, qui erraient, misérables.

Quand la nuit arriva, tous, même le roi, étaient en proie au chagrin et aux soucis. Mais Alexandre, dont l'âme était invincible, demeura toute la nuit à observer le fleuve. Il envoya des éclaireurs à cheval vers son embouchure, pour le prévenir quand la mer remonterait. Il fit réparer les bateaux et ordonna à chacun d'être prêt et attentif quand les eaux recommenceraient à inonder la campagne. Toute la nuit se passa dans ces préparatifs, ce qui rendit leur courage aux Macédoniens.

Bientôt, on entendit une course folle : les cavaliers revenaient en toute hâte, avec la marée derrière eux. Les embarcations se soulevèrent peu à peu puis, quand les plaines furent à nouveau inondées, elles se mirent à remuer. Les marins poussaient des cris de joie et levaient les mains vers le ciel.

Le roi supposa, d'après ce qu'il avait observé, que le moment de la marée suivait le lever du soleil. Il décida de la devancer et en pleine nuit, descendit le cours du fleuve avec un petit nombre de bateaux. Il dépassa l'embouchure du fleuve et s'avança dans l'Océan.

Alexandre réalisait enfin son vœu ! Il offrit un sacrifice aux dieux de la mer, marquant ainsi qu'il avait atteint les limites de son expédition, puis revint vers sa flotte.

Toute l'armée remonta le fleuve et s'établit dans la région pour passer l'hiver. Ce fut l'occasion pour Alexandre de fonder d'autres villes. Sur son ordre, Néarque, amiral hors pair, et Onésicrite, grand connaisseur du monde marin, partirent explorer l'Océan avec les meilleurs éléments de la flotte. Le roi avait gardé de ses jeunes années une grande curiosité pour la géographie et les choses de la nature. Dans sa progression à travers les régions, il ne manquait pas de collecter des informations sur les lieux traversés. Il réunissait aussi des spécimens du monde animal, végétal et minéral qui permettaient d'enrichir les connaissances humaines. Des mois plus tard, à son retour, Néarque raconta leurs aventures innombrables et notamment leur rencontre avec les baleines.

D'après le récit d'ARRIEN

Un jour, les marins virent à l'aube la mer qui se soulevait comme si elle était projetée par le souffle violent d'une tempête. Les pilotes leur dirent que c'étaient des baleines qui, en passant dans la mer, soufflaient l'eau en l'air. Pleins de terreur, les marins laissèrent échapper les rames de leurs mains. Mais Néarque les réconforta et organisa la parade. À chaque bateau, il donna l'ordre de tourner la proue du navire face aux baleines.

— Quand je vous ferai signe, que chacun batte l'eau avec ses rames le plus fort possible ! leur cria-t-il, et vous pousserez le cri de guerre : il faudra faire un énorme vacarme !
Les marins, voyant son calme, se rassurèrent et chacun se prépara.

À un signal donné, les bateaux s'avancèrent vers les énormes bêtes. Comme ils s'en approchaient, ils se mirent à hurler, à sonner de la trompette, à frapper la mer de leurs rames le plus fort possible. Les baleines s'étaient approchées dangereusement de la proue des navires, mais en entendant ce tumulte, elles plongèrent, tout effrayées, remontèrent plus loin à la surface et se mirent à souffler de l'eau de mer au large des navires. Les marins soulagés applaudirent et félicitèrent leur chef de son habileté.

D'après le récit de QUINTE-CURCE

À la fin de l'hiver, le roi conduisit ses troupes par voie de terre. Les Macédoniens traversèrent des contrées désertiques où la chaleur était accablante, et les vivres, bientôt, manquèrent. Les soldats se nourrissaient des racines des palmiers qu'ils arrachaient. Ils furent ensuite obligés de tuer leurs animaux de transport et même leurs chevaux qu'ils mangèrent pour pouvoir survivre.

À la faim s'ajoutaient les maladies causées par la mauvaise nourriture et la fatigue extrême. Le sol était jonché de corps et de gens affaiblis qui n'avaient plus la force de suivre l'allure de l'armée en marche. Les hommes valides pensaient que leur survie dépendait de la rapidité de leur progression. Ils n'avaient pas le courage de tourner leurs yeux vers leurs compagnons en détresse, tant ils craignaient de voir en eux le sort qui les attendait.

Alexandre était partagé entre la douleur et la honte, car il se sentait responsable de ce désastre. Il envoya aux gouverneurs des régions les plus proches des messagers pour qu'on lui fasse parvenir des vivres à dos de chameaux. Grâce à l'aide obtenue, l'armée put quitter les régions désertiques et parvenir au pays de Cédrosie. Alexandre y installa son camp pour donner à ses soldats un repos réparateur.

L'armée passa ensuite en Carmanie, région proche de la Perse. Enfin, les soldats allaient retrouver des pays pacifiés et riches en ressources de toutes sortes.

Il vint alors au roi le désir d'organiser un cortège à la manière de Dionysos, dans sa course triomphale en Orient. Il fit tapisser de fleurs les rues et orner les maisons de couronnes dans tous les villages où son cortège devait passer. On disposa sur le seuil des habitations de larges vases et des jarres remplis de vin. On orna de tentures blanches et de tissus précieux les voitures qui transporteraient les soldats.

D'après le récit de PLUTARQUE

Alexandre avançait en tête du cortège avec ses compagnons les plus proches. Ils étaient installés sur une estrade haute et bien en vue, fixée à un socle que traînaient lentement huit chevaux. Sur l'estrade était dressée une table de banquet recouverte d'étoffes précieuses, de vases et de coupes d'or. Le roi et ses amis, couronnés de fleurs, buvaient joyeusement. La musique les saluaient en chemin, ici un air de flûte, là les sons de la lyre. Des chariots pleins de soldats suivaient ; les hommes étaient en joie et portaient leurs plus belles armes.

Cette procession en l'honneur de Dionysos dura sept jours, dans une ivresse désordonnée, comme si le dieu accompagnait le cortège.

D'après le récit d'ARRIEN

L'armée se remit en route et l'on arriva bientôt en Perse, dans la cité de Pasargades. C'est dans le parc royal de cette ville que se trouvait le tombeau du Grand Cyrus, le fondateur de l'Empire perse. Alexandre était très désireux de visiter cette sépulture. Le monument était un carré fait de pierres avec au-dessus une chambre et pour y pénétrer une porte très étroite. Le corps du Grand Roi avait été déposé dans un sarcophage d'or, et sur un lit, à côté, s'amassaient des pelisses pourpres, des vêtements colorés, des colliers, des sabres, des boucles d'oreilles en or et pierres incrustées.

Alexandre fit ouvrir la tombe, pour y faire un sacrifice aux dieux. Il la trouva dépouillée de tout, sauf du sarcophage et du lit. On avait arraché le couvercle du sarcophage et le corps même de Cyrus avait été jeté à terre. Les voleurs avaient tenté de s'emparer du sarcophage en or en le découpant en morceaux, mais ils n'avaient pas réussi. La tombe était restée dans cet état pitoyable.

Le roi indigné ordonna à l'un de ses officiers, Aristobule, de faire réparer le sarcophage et d'y déposer les restes de Cyrus. Le lit fut recouvert de bandelettes et la chambre fut remise en ordre ; la petite porte d'entrée fut remplacée par un mur de pierres et l'on apposa sur le tombeau le sceau royal. Les gardiens du tombeau, arrêtés et soumis à la torture ne donnèrent aucun nom, aucune indication. Comme rien ne prouvait qu'ils avaient pris part à cette profanation, Alexandre les fit relâcher.

L'armée reprit la route de Suse. C'est dans cette ville que furent célébrés dans une même fête de nombreux mariages. Alexandre prit une seconde épouse, Satira, fille de Darius, et donna en mariage sa sœur Drypétis à son ami le plus cher, Héphaistion. Il voulait que les enfants d'Héphaistion soient cousins des siens. Il ordonna à ses proches et ses officiers d'épouser eux aussi des jeunes filles perses, de haute naissance ou filles de notables. Plus de quatre-vingts mariages en tout furent célébrés en même temps, qui cimentaient l'union entre les peuples.

Les mariages se déroulèrent à la manière perse, sous un chapiteau gigantesque, magnifiquement décoré. Des colonnes de neuf mètres, recouvertes d'or, d'argent et ornées de pierres précieuses, renforçaient la solidité de la tente. De somptueux rideaux en faisaient le tour, brodés de figures d'animaux et cousus de fils d'or. Des rangées de fauteuils avaient été placées pour les fiancés, qui restèrent d'abord entre eux pour prendre des boissons. Les jeunes filles vinrent ensuite s'asseoir à côté de leurs fiancés qui les accueillirent et les embrassèrent. Puis chacun emmena son épouse dans la chambre qui avait été préparée sur les lieux, et dans laquelle se trouvait une couverture nuptiale en argent d'une grande valeur. Alexandre avait offert de superbes cadeaux à toutes les épouses.

Les fêtes durèrent cinq jours, pendant lesquels les réjouissances et les spectacles se succédèrent sans interruption. On vit des jongleurs indiens, des acteurs célèbres qui paradaient sous les acclamations. Les musiciens furent nombreux : il y eut des chanteurs, des joueurs de lyre, de cithare et de flûte qui s'accompagnaient de leur instrument. Certains artistes étaient venus de loin pour la circonstance, d'Athènes, de Tarente, de Syracuse.

Les soldats macédoniens eux-mêmes, à l'exemple de leur roi, prirent pour femmes des jeunes filles d'Asie. Ils étaient plus de dix mille. À tous, Alexandre offrit un cadeau de mariage. Il réalisait enfin son rêve d'unifier l'Orient et l'Occident.

ALEXANDRE POUR L'ÉTERNITÉ

D'après les récits de PLUTARQUE et ARRIEN

Arrivé à Ecbatane, en Médie, Alexandre régla les affaires urgentes, mais réserva aussi du temps aux spectacles et aux fêtes : il était arrivé de Grèce, en son honneur, plus de trois mille artistes. Tandis que les réjouissances se déroulaient dans la joie générale, il se produisit un drame dans l'entourage d'Alexandre. Héphaistion, son ami le plus proche, tomba malade et fut pris de fièvre. Son médecin, Glaucos, lui ordonna de se reposer et de ne rien manger tant que la fièvre durerait. Mais Héphaistion supportait mal ce genre de contrainte et, tandis que son médecin était allé au théâtre, il se mit à table. Il engloutit un coq rôti et vida une grande coupe de vin rafraîchi. Cet excès lui fut fatal : son malaise augmenta rapidement et il mourut peu de temps après.

La douleur d'Alexandre fut extrême et la raison ne put la modérer. Il fit mettre à mort le médecin, coupable selon lui, de n'avoir pas mieux surveillé son malade. Les Grecs avaient l'habitude de se couper les cheveux en signe de deuil ; pour aller plus loin encore, Alexandre fit raser les crins de tous les chevaux et de tous les mulets. Il fit abattre les murailles des villes des environs. Pendant trois jours, il ne mangea ni ne se lava ; il restait étendu, sans prononcer un mot.

Il interdit l'usage des flûtes et de toute espèce de musique, et chercha dans la guerre une distraction à sa douleur. Il partit soumettre

« À le voir faible et presque mourant, ils étaient en larmes. »

des nations et ordonna de nombreuses exécutions parmi les vaincus. Pour le tombeau de son ami, il faisait des projets tous plus démesurés les uns que les autres. Il consulta des artistes et voulut employer Stasicrès, connu pour ses créations originales. Celui-ci lui proposa un projet insensé : il sculpterait le mont Athos, en Thrace, et ferait une statue géante d'Héphaistion tenant dans sa main gauche une ville de dix mille habitants et versant de la main droite, dans un acte de piété, les flots d'un fleuve coulant vers la mer. La proposition, démesurée et très difficile à réaliser, ne fut pas retenue.

D'après le récit de DIODORE

La dépouille d'Héphaistion fut transportée à Babylone pour les funérailles. Alexandre s'occupa lui-même des cérémonies qui se déroulèrent à l'extérieur de la ville. Il demanda aux cités voisines de participer aux frais des préparatifs selon leurs moyens. Il y avait chez les Perses un feu soigneusement entretenu par les habitants, le « feu sacré », qu'ils n'avaient coutume d'éteindre que pour la mort du Grand Roi. Alexandre ordonna à tous les habitants de l'Asie d'éteindre soigneusement ce feu jusqu'à ce que les cérémonies funèbres soient achevées. Le peuple vit dans cette mesure un présage funeste : les gens se figurèrent que les dieux annonçaient la mort d'Alexandre lui-même.

Le roi ordonna aussi à tous ses sujets d'offrir à Héphaistion des sacrifices et de l'honorer en tant que « dieu ». En effet, le hasard fit que Philippe, l'un des amis du roi, arriva d'Égypte. Il était porteur d'un oracle d'Ammon, provenant du temple où Alexandre s'était rendu, dans le désert. L'oracle ordonnait que l'on offrît des sacrifices au « dieu Héphaistion ». Heureux que le dieu ait approuvé sa décision personnelle, le roi fut le premier à offrir un sacrifice. Après avoir sacrifié dix mille victimes, de diverses sortes d'animaux, il invita la population à un festin magnifique.

D'après le récit de PLUTARQUE

Entre-temps, Néarque était revenu d'un second voyage à travers l'Océan jusqu'à l'Euphrate. Il avertit le roi qu'il avait rencontré un groupe de Chaldéens, peuple très savant dans le domaine de la divination. Ces hommes conseillaient à Alexandre de ne pas entrer dans Babylone. Mais celui-ci passa outre leurs avertissements et continua sa route. Arrivé près des remparts, il vit une foule de corbeaux qui luttaient entre eux et se donnaient des coups furieux ; certains tombèrent à ses pieds : c'était un signe inquiétant.

Le roi apprit en cours de route que le général en chef de Babylone, Apollodore, avait fait un sacrifice pour connaître son avenir à lui, Alexandre. Cela ne revenait-il pas à s'interroger sur l'heure de sa mort ? Le roi fit venir le devin qui avait interprété le sacrifice ; il le questionna sur l'état des victimes. Si leurs entrailles étaient en bon état, c'était un signe favorable ; des entrailles en mauvais état annonçaient un malheur.

Le devin lui apprit que le foie des victimes avait été en mauvais état.

— Grands dieux, s'écria Alexandre, quel terrible présage !

Il décida alors de rester éloigné de Babylone et passa presque tout son temps à camper en dehors de la ville ou à naviguer sur l'Euphrate.

Mais un certain nombre d'autres signes jetèrent encore plus de trouble dans son esprit. Il y avait à Babylone des animaux sauvages qui vivaient dans des enclos et parmi eux de magnifiques lions à la crinière flamboyante. Un âne domestique s'en prit un jour au plus grand d'entre eux et le tua d'un coup de sabot. Alexandre n'avait-il pas été comparé toute sa vie à un lion ? Présage plus funeste encore, un jour qu'Alexandre jouait à la balle, il se déshabilla pour qu'on le frictionne d'huile. Ses compagnons aperçurent tout à coup un homme assis sur le trône du roi, ayant revêtu ses vêtements et portant son diadème ! C'était un étranger, originaire de Messénie. Il avait été amené à Babylone enchaîné, car il était sous le coup d'une accusation. Il raconta une histoire confuse : le dieu égyptien Sérapis lui serait apparu. Il l'aurait délivré de ses chaînes, l'aurait conduit en ces lieux et lui aurait ordonné de prendre la robe et le diadème, puis de s'asseoir sur le trône sans rien dire. Le roi entendit son récit, mais resta indécis : s'agissait-il d'un simple fou, d'un complot contre sa personne ou d'un nouveau signe des dieux ?

Alexandre devint dès lors très sensible aux signes divins, et se mit à soupçonner tout le monde dans son entourage. Il perdait confiance dans les dieux et pensait, à la moindre occasion, que ses amis pouvaient le trahir. Un jour il s'en prit à Cassandre, un jeune homme récemment arrivé à la cour, qui ne connaissait pas les coutumes orientales. Élevé à la grecque, il éclata de rire en voyant les Orientaux se prosterner devant le roi, car il n'avait jamais rien vu de semblable. Furieux, Alexandre l'empoigna violemment par les cheveux et lui frappa la tête contre le mur. Cassandre eut si peur ce jours-là que, plus tard, bien après la mort d'Alexandre, il continuait de trembler devant les statues du roi.

L'atmosphère, au palais royal, s'était alourdie. Dès qu'il se produisait un fait un peu inhabituel ou étrange, le roi le considérait comme un signe envoyé par les dieux. Le palais était rempli de gens qui faisaient des prophéties ou des sacrifices et qui nourrissaient les angoisses du roi.

D'après le récit de DIODORE

Une autre mésaventure remplit le roi de trouble. Il voulut faire un tour en bateau sur le grand marais qui cernait la cité de Babylone. Il partit en bateau et plusieurs de ses amis l'accompagnaient dans d'autres bateaux. Son embarcation fut séparée des autres par le brouillard et il s'égara. Il erra seul pendant plusieurs jours et commençait à penser qu'il ne pourrait pas se tirer d'affaire. Tandis que son bateau suivait le cours d'un canal étroit que des arbres entremêlés recouvrait d'une voute, son diadème s'accrocha aux branches et tomba dans le marais. L'un des rameurs se mit à l'eau et alla chercher le diadème. Pour le mettre en sûreté, il le plaça sur sa propre tête et regagna le bord à la nage. Mettre sur sa tête la couronne royale était un sacrilège. Alexandre fit exécuter le rameur, et demeura fort impressionné par cet épisode.

Invité chez l'un de ses proches, le Thessalien Médios, Alexandre but de nombreuses coupes de vin pur, tout en bavardant agréablement avec les convives. Puis il fit remplir une grande « coupe d'Héraclès » ainsi nommée à cause de sa taille énorme, et but jusqu'à la dernière goutte. Soudain, il poussa un cri, comme s'il avait été frappé d'un coup violent et se mit à gémir. Alarmés, ses amis le prirent par la main et l'emmenèrent dans une chambre. Ils le firent étendre sur un lit et restèrent près de lui.

D'après le récit de PLUTARQUE

L'état du roi demeurait préoccupant. Il souffrait d'une forte fièvre, qu'il essayait jour après jour de combattre par des bains. Les médecins étaient incapables de le guérir. Quand il se sentait moins fiévreux, le roi jouait aux dés avec un ami dans sa chambre, ou écoutait les récits que lui faisait Néarque de son exploration de l'Océan. Mais la fièvre devint plus forte et Alexandre fit appeler ses officiers pour s'entretenir avec eux des postes libres dans l'armée. Il leur recommanda de ne nommer à ces postes que des hommes dignes de confiance. Il s'efforçait de continuer les activités quotidiennes et ses devoirs religieux. Mais bientôt il fallut le porter pour offrir un sacrifice aux dieux.

D'après le récit de QUINTE-CURCE

Les soldats, qui savaient leur roi gravement malade, voulaient absolument le voir et les proches d'Alexandre cédèrent à leurs cris et leurs menaces. Les portes du palais où il avait été installé furent ouvertes et les soldats se présentèrent tous, un à un, devant lui, en simple tunique. À le voir faible et presque mourant, ils étaient en larmes. Le roi remarqua le chagrin de ceux qui entouraient son lit et leur dit, plein d'émotion :
— Quand je vous aurai quittés, pourrez-vous trouver un roi digne de ces hommes de valeur ?

Il reçut ses soldats dans une attitude de roi, et demeura ainsi tout le temps que l'armée entière défila devant lui pour lui rendre un suprême hommage. Lorsque la foule se fut retirée, Alexandre se laissa aller, harassé, comme s'il était libéré de ses devoirs. Il fit approcher ses amis, enleva de son doigt sa bague et la remit à Perdiccas. Il leur recommanda de faire porter son corps après sa mort dans le temple de Zeus-Ammon.

— Ô Alexandre, à qui vas-tu laisser la royauté ? Qui sera ton héritier ? lui demandèrent ses compagnons.

— Celui qui en est le plus digne, répondit le roi.
— Quel moment choisis-tu pour que nous te rendions les honneurs divins ? reprit Perdiccas.
— Je choisis le moment où vous-mêmes serez heureux, lui dit Alexandre qui, même au seuil de la mort, pensait à laisser à la postérité une image glorieuse et non un souvenir douloureux.

Ce furent ses dernières paroles. Au matin, le roi n'était plus.

À cette nouvelle, le palais entier retentit de sanglots et de lamentations. Puis aux cris succéda le silence. Chacun dans sa douleur réfléchissait à ce qui allait arriver. Les pages d'Alexandre, désemparés, erraient à travers la ville. La douleur était générale. Les Perses rappelaient quel maître juste et doux il fut pour eux. Les Macédoniens regrettaient un roi parfait et si courageux. Ils évoquaient sa vigueur, son expression quand il entraînait ses soldats au combat, assiégeait les villes, escaladait les murailles ou récompensait leur courage devant l'armée réunie. Les gens craignaient aussi, sans le dire, les luttes et les conflits qui ne manqueraient pas d'éclater entre ceux qui voudraient succéder à Alexandre, car celui-ci n'avait d'héritier que le fils de Roxane, un tout jeune enfant.

La nuit était venue et chacun était en proie à ses craintes. Les soldats veillaient, sous les armes. Personne n'osait allumer les flambeaux et, dans l'obscurité, on tendait l'oreille pour écouter les bruits et les voix. Le long des ruelles obscures, les gens se heurtaient les uns aux autres, méfiants ou effrayés sans raison. Les Perses s'étaient rasé les cheveux selon leur coutume et avaient pris les vêtements de deuil. Hommes, femmes et enfants pleuraient le roi qu'ils ne voyaient ni comme un ennemi ni comme un vainqueur mais comme leur roi légitime.

Le bruit de la mort d'Alexandre se répandit vite hors de la ville. La nouvelle arriva dans une grande partie de l'Asie et jusqu'à l'Euphrate. Elle parvint jusqu'à Sisygambis, la mère de Darius. Celle-ci avait auprès d'elle l'une de ses deux petites-filles, qui venait de perdre son mari, Héphaistion et pleurait avec elle. Quand elle apprit qu'Alexandre n'était plus, en signe de deuil, elle déchira sa robe, s'arracha les cheveux et se répandit en lamentations. Elle pleurait un roi qui l'avait protégée et respectée, elle et sa famille. Mais le souvenir de ses malheurs passés lui revenait et elle pleurait aussi la mort de ses fils, tout en s'inquiétant pour l'avenir. Qui s'occuperait désormais des jeunes princesses, de la jeune veuve ? Qui serait un autre Alexandre ?

À la fin, la vieille reine succomba à la douleur. Elle écarta ses petits-enfants et se voila la tête. Elle refusa nourriture et lumière. Cinq jours après avoir pris la décision de mourir, elle s'éteignit. Et c'était tout à la gloire d'Alexandre qu'une telle femme, qui avait supporté de vivre après la mort du roi, son fils, n'ait pas accepté de lui survivre.

Les compagnons d'Alexandre, ses chefs de troupe, pendant les jours qui suivirent, se disputèrent et s'affrontèrent pour savoir qui allait prendre le commandement. Les soldats écoutaient les orateurs et manifestaient bruyamment leur hostilité aux propositions en heurtant leur lance contre leur bouclier. On en vint bientôt au combat entre les partisans des divers candidats. Tout cela annonçait les terribles guerres qui allaient bientôt déchirer l'empire.

Depuis six jours, le corps d'Alexandre gisait dans son sarcophage. Les querelles politiques avaient fait oublier les devoirs à rendre au roi défunt. Des Égyptiens et des Chaldéens furent chargés d'embaumer le corps selon la coutume de leur pays. Le sarcophage d'or fut rempli de parfums et, sur la tête du roi, on déposa les insignes de son pouvoir. Plus tard, le corps fut transféré par Ptolémée qui régnait sur l'Égypte, à Memphis. De là, il fut apporté au milieu d'un somptueux cortège dans la ville d'Alexandrie que le Conquérant avait fondée dans les débuts de son expédition.

En treize ans, un tout jeune homme était devenu le plus grand conquérant de son temps. Ses qualités exceptionnelles avaient servi son grand projet d'unifier les peuples sous un même gouvernement. La mort l'emporta trop tôt, alors qu'il avait bien d'autres projets de conquête. Mais lui-même avait vécu pleinement ce temps si court et si riche en succès et en découvertes. « Ce sont mes victoires que je compte et non pas mes années, avait-il dit un jour. Et si je fais un compte exact des dons que m'a faits la Fortune, j'ai vécu longtemps. »

Impression & brochage en janvier 2014 sepec - France
Numéro d'impression : 10103131111 - Dépôt légal : janvier 2014
Numéro d'éditeur : 2013_1443

IMPRIM'VERT®

PEFC™ 10-31-1470 / Certifié PEFC / Ce produit est issu de forêts gérées durablement et de sources contrôlées. / pefc-france.org